Pocket-Sprachführer
Spanisch

PONS GmbH
Stuttgart

PONS Pocket-Sprachführer
Spanisch

Bearbeitet von: Almudena García Hernández

Entwickelt auf der Basis des
PONS Sprachführers Spanisch ISBN 978-3-12-518533-3

1. Auflage 2018 (1,02 – 2018)

www.pons.de
E-Mail: info@pons.de

Umschlagfotos: shutterstock/vulcano
Logoentwurf: Erwin Poell, Heidelberg
Logoüberarbeitung: Sabine Redlin, Ludwigsburg
Satz: Satzkasten, Stuttgart
Druck: L.E.G.O. S.P.A., Lavis
Printed in Italy

ISBN 978-3-12-518551-7

Vorwort

Liebe Leserin, lieber Leser,

Sie reisen nach Spanien und suchen die passende Sprachbegleitung? Egal ob Sie sich fragen, wie das spanische Wort für Vollpension lautet, oder ob Sie auf Spanisch erklären wollen, dass Ihr Auto nicht anspringt: Der PONS Pocket-Sprachführer hilft Ihnen in jeder Situation weiter.

Sie finden die wichtigsten vorformulierten Sätze für die Reise in neun thematisch gegliederten Kapiteln. Und wenn es mal besonders schnell gehen muss, schlagen Sie einfach im Wörterbuchteil nach: Von A wie Abendessen bis Z wie Zwischenlandung haben wir den wichtigsten Reisewortschatz für Sie zusammengestellt.

Lassen Sie den Sprachführer sprechen und genießen Sie Ihre Reise.

Eine schöne Zeit wünscht Ihnen

Ihre

PONS Redaktion

Inhalt

Aussprache

Alle Vokale sind offen und halblang und müssen deutlich ausgesprochen werden.
a, e und **o** bilden zusammen mit **i, y** oder **u** einen Diphthong: f**ue**go Feuer; h**oy** heute.

b, p	[b, p]	weicher als im Deutschen	bien; pie
b, v	[b]	beide werden identisch ausgesprochen; weich, zwischen den Lippen	buen vino nuevo
c	[k]	wie deutsches „k“ (ohne Hauch): vor „a,o,u“ und vor Konsonanten	creo; casa cura
ce, ci	[θ]	stimmloser Lispellaut (stärker als englisch „th“): vor „e,i“	cenicero gracias
ch	[tʃ]	stimmloses deutsches „dsch“	muchacho
d, t	[d,t]	viel weicher als im Deutschen	día; toro
g	[g]	wie deutsches „g“: vor „a,o,u“ und vor Konsonanten	grado gorra
ge, gi	[x]	wie deutsches „ch“ bei „Bach“: vor „e,i“	gitano gente
gue, gui	[g]	das „u“ ist immer stumm; wie deutsches „g“	seguir guitarra
h		immer stumm	hora

j	[x]	immer wie deutsches „ch" bei „Bach"	jardín naranja
ll	[ʎ]	wie hartes deutsches „j" zwischen Vokalen	llevo guerrilla
y	[ʎ]	wie hartes deutsches „j" zwischen Vokalen: vor Vokal	ya mayo
y	[i]	wird wie „i" ausgesprochen: am Ende eines Wortes	y soy
ñ	[ɲ]	wie „gn" bei „Champagner"	niño
que, qui	[k]	das „u" ist immer stumm wie deutsches „k"	porque quiero
rr	[rr]	stark gerolltes Zungen-r	perro
r	[rr]	stark gerolltes Zungen-r: am Anfang eines Wortes und nach „n" und „s".	rosa honra
	[r]	leichtes Zungen-r: zwischen zwei Vokalen eines Wortes, vor oder nach Konsonanten (außer „n" „s") und am Ende eines Wortes	caro dararte madre
s	[s]	immer stimmlos, wie deutsches „ss"	casa; sala
z	[θ]	immer wie „c" vor „e, i": (stärker als englisches „th")	Zaragoza jerez

Betonung und Akzent

Bei Wörtern, die auf *Vokal,* auf *„n"* oder auf *„s"* enden, wird die **vorletzte Silbe** betont: mẹsa, Cạrmen.
Eine andere Betonung bedarf des graphischen Akzents: café, después.

Bei Wörtern, die auf *Konsonant* (außer „n, s") enden, wird die **letzte Silbe** betont: cantạr, doctọr.
Eine andere Betonung bedarf des graphischen Akzents: fácil, huésped.

Auf der **drittletzten Silbe** betonte Wörter haben immer graphischen Akzent: música, médico, artístico.

Frage- und Ausrufewörter haben immer Akzent:
quién, cómo, qué bonito.

Einige einsilbige Wörter haben - zur Unterscheidung von anderen mit der gleichen Schreibweise - immer Akzent:
mí, tú, él, sí, sé, más.

í bzw. **ú** bei Trennung des Doppellauts: día, púa, país.

Substantive mit der Endung **o** sind männlich; Substantive mit der Endung **a** sind weiblich. Nur bei Abweichungen von dieser Regel (**cura** *m* Priester) und bei anderen Endungen wird das Geschlecht der Substantive angegeben.

Zum Einstieg

Weltweit sprechen mehr als 200 Millionen Menschen Spanisch. Damit ist Spanisch die am weitesten verbreitete romanische Sprache. Da die Araber viele Jahrhunderte auf der Iberischen Halbinsel lebten, ist das Spanische deutlich vom Arabischen beeinflusst. Weitere offizielle Sprachen sind in Spanien Katalanisch, Baskisch und Galizisch. Sie werden in den entsprechenden autonomen Regionen Spaniens gesprochen. Katalanisch *(català)* wird nicht nur in Katalonien mit Hauptstadt Barcelona gesprochen, sondern auch auf den Balearen und in Valencia. Das Baskische ist eine eigenwillige Sprache, die nur wenige Ähnlichkeiten mit den indoeuropäischen Sprachen aufweist. Die galizische Sprache kann auf eine lange literarische, insbesondere lyrische Tradition verweisen.

Das Wichtigste in Kürze

Ja.
Sí.

Nein.
No.

Bitte.
Por favor.
(als Antwort auf „Danke!“) De nada.

Danke!
¡Gracias!

Wie bitte?
¿Cómo dice/dices?

Selbstverständlich!
¡Desde luego!

Einverstanden!
¡De acuerdo!

Okay!
¡Vale!

In Ordnung!
¡Está bien!

Verzeihung!
¡Perdón!

Einen Augenblick, bitte!
¡Un momento, por favor!

Genug!
¡Basta (ya)!

Hilfe!
¡Ayuda!, ¡socorro!

Wer?
¿Quién?

Was?
¿Qué?

Welcher/Welche/Welches?
¿Cuál?/¿Cuáles?

Welcher/Welche/Welches ...?
¿Qué...?

Wem?
¿A quién?

Wen?
¿A quién?

Wo?
¿Dónde?

Wo ist/Wo sind ...?
¿Dónde está/están...?

Woher?
¿De dónde?

Wohin?
¿Adónde?

Warum?
¿Por qué?

Wozu?
¿Para qué?

Wie?
¿Cómo?

Wie viel?
¿Cuánto?

Wie viele ...?
¿Cuántos/cuántas...?

Wie lange?
¿Cuánto tiempo?

Wann?
¿Cuándo?

Um wieviel Uhr?
¿A qué hora?

Ich möchte ...
Quisiera..., me gustaría...

Gibt es ...?
¿Hay...?

Zahlen – Maße – Gewichte

0	cero
1	uno, -a, un
2	dos
3	tres
4	cuatro
5	cinco
6	seis
7	siete
8	ocho
9	nueve
10	diez
11	once
12	doce
13	trece
14	catorce
15	quince
16	dieciséis
17	diecisiete
18	dieciocho
19	diecinueve
20	veinte
21	veintiuno, -a, veintiún
22	veintidós
23	veintitrés
24	veinticuatro
25	veinticinco
26	veintiséis
27	veintisiete
28	veintiocho
29	veintinueve

30	treinta
31	treinta y uno, -a, treinta y un
32	treinta y dos
40	cuarenta
50	cincuenta
60	sesenta
70	setenta
80	ochenta
90	noventa
100	cien
101	ciento uno, -a, ciento un
200	doscientos, -as
300	trescientos, -as
1000	mil
2 000	dos mil
3 000	tres mil
10 000	diez mil
100 000	cien mil
1 000 000	un millón

1.	primero, -a, primer
2.	segundo, -a
3.	tercero, -a, tercer
4.	cuarto, -a
5.	quinto, -a
6.	sexto, -a
7.	séptimo, -a
8.	octavo, -a
9.	noveno, -a
10.	décimo, -a

1/2	medio, -a
1/3	un tercio
1/4	un cuarto
3/4	tres cuartos
3,5 %	tres y medio por ciento
27 °C	veintisiete grados (sobre cero)
-5 °C	cinco grados bajo cero
1999	mil novecientos noventa y nueve
2000	dos mil
2018	dos mil dieciocho
Millimeter	milímetro
Zentimeter	centímetro
Meter	metro
Kilometer	kilómetro
Seemeile	milla (náutica)
Quadratmeter	metro cuadrado
Quadratkilometer	kilómetro cuadrado
Liter	litro
Gramm	gramo
Kilogramm	kilo, kilogramo

Zeitangaben

Uhrzeit

Wie viel Uhr ist es?
¿Qué hora es?

Es ist (genau/ungefähr) ...
Son (exactamente/aproximadamente)...

3 Uhr.
las tres.

5 nach 3.
las tres y cinco.

3 Uhr 10.
las tres y diez.

Viertel nach 3.
las tres y cuarto.

halb 4.
las tres y media.

Viertel vor 4.
las cuatro menos cuarto.

5 vor 4.
las cuatro menos cinco.

Es ist 1 Uhr.
Es la una.

Es ist 12 Uhr Mittag/Mitternacht.
Son las doce del mediodía/Es medianoche.

Um wie viel Uhr?/Wann?
¿A qué hora?/¿Cuándo?

Um 1 Uhr.
A la una.

Um 2 Uhr.
A las dos.

Gegen 4 Uhr.
Alrededor de las cuatro.

In einer Stunde.
Dentro de una hora.

In zwei Stunden.
Dentro de dos horas.

Nicht vor 9 Uhr morgens.
A partir de las nueve de la mañana.

Nach 8 Uhr abends.
Después de las ocho de la tarde.

Zwischen 3 und 4.
Entre las tres y las cuatro.

Wie lange?
¿Cuánto tiempo?

Zwei Stunden (lang).
(Durante) Dos horas.

Von 10 bis 11.
Desde las diez hasta las once./De diez a once.

Bis 5 Uhr.
Hasta las cinco.

Seit wann?
¿Desde cuándo?

Seit 8 Uhr morgens.
Desde las ocho de la mañana.

Seit einer halben Stunde.
Desde hace media hora.

Seit acht Tagen.
Desde hace ocho días.

abends	por la tarde
am Sonntag	el domingo
am Wochenende	el fin de semana
bald	pronto
diese Woche	esta semana
gegen Mittag	hacia (el) mediodía
gestern	ayer
heute	hoy
heute Morgen/Abend	esta mañana/tarde
in 14 Tagen	dentro de quince días/dos semanas
innerhalb einer Woche	en una semana
jeden Tag	todos los días, cada día
jetzt	ahora
kürzlich	hace poco (*Am* recién)
letzten Montag	el lunes pasado
manchmal	a veces, algunas veces
mittags	al mediodía
morgen	mañana
morgen früh/Abend	mañana por la mañana/tarde
morgens	por la mañana
nachmittags	por la tarde
nächstes Jahr	el año que viene
nachts	por la noche
stündlich	cada hora
täglich	a diario, todos los días
tagsüber	durante el día
übermorgen	pasado mañana

um diese Zeit	a esta hora
von Zeit zu Zeit	de vez en cuando
vor zehn Minuten	hace diez minutos
vorgestern	anteayer
vormittags	por la mañana

Wochentage

Montag	el lunes
Dienstag	el martes
Mittwoch	el miércoles
Donnerstag	el jueves
Freitag	el viernes
Samstag	el sábado
Sonntag	el domingo

Monate

Januar	enero
Februar	febrero
März	marzo
April	abril
Mai	mayo
Juni	junio
Juli	julio
August	agosto
September	septiembre
Oktober	octubre
November	noviembre
Dezember	diciembre

Jahreszeiten

Frühling	primavera
Sommer	verano
Herbst	otoño
Winter	invierno

Feiertage

Neujahr	Año Nuevo
Dreikönigstag	el Día de Reyes
Karneval	el carnaval
Aschermittwoch	el Miércoles de Ceniza
19. März (Hl. Josef)	San José
Gründonnerstag	el Jueves Santo
Karfreitag	el Viernes Santo
Ostern	la Semana Santa
Ostermontag	el Lunes de Pascua
1. Mai	el Día del Trabajo
Christi Himmelfahrt	la Ascensión
Pfingsten	Pentecostés
Fronleichnam	el Corpus (Christi)
24. Juni (Johannisfest)	San Juan
Maria Himmelfahrt (15. Aug.)	la Asunción
12. Oktober	el Día de la Hispanidad
Allerheiligen (1. November)	el Día de Todos los Santos
Allerseelen (2. November)	el Día de los Difuntos
6. Dezember (Tag der Verfassung)	el Día de la Constitución
8. Dezember (Mariä Empfängnis)	la Inmaculada (*Am* el Día de la Virgen)

Heiliger Abend	(la) Nochebuena
Weihnachten	(la) Navidad
Silvesterabend	Nochevieja

Datum

Den Wievielten haben wir heute?
¿Qué día/fecha es hoy?/¿A qué día estamos?

Heute ist der 1. Mai.
Hoy es el primero/uno de mayo.

Wetter

Was für ein herrliches/schreckliches Wetter!
¡Hace un tiempo espléndido/horroroso!

Es ist kalt/heiß/schwül.
Hace frío/calor/bochorno.

Es ist neblig/windig.
Hay niebla./Hace (*Am* Corre) viento.

Es bleibt schön/schlecht.
Seguirá el buen/mal tiempo.

Es wird wärmer/kälter.
Va a hacer más calor/frío.

Es wird regnen/schneien.
Va a llover/nevar.

Wie viel Grad haben wir heute?
¿Qué temperatura hace hoy?

Es ist 20 Grad.
Hace veinte grados (centígrados).

Wie ist der Straßenzustand in ...?
¿Qué tal están las carreteras en...?

Die Straßen sind glatt.
Las carreteras están resbaladizas.

Die Sicht beträgt nur 20 m/weniger als 50 m.
La visibilidad es de apenas veinte metros/menos de cincuenta metros.

Schneeketten sind erforderlich.
Es necesario el uso de cadenas.

bewölkt	nublado
Blitz	rayo
Bö	ráfaga, racha
Donner	trueno
Ebbe	marea baja
Eis	hielo
Flaute	calma chicha
Flut	marea alta
Frost	helada
Glatteis	la superficie helada
heiß	cálido, caluroso
Hitze	el calor
Hitzewelle	ola de calor
kalt	frío
Luft	el aire
nass	húmedo
Nebel	niebla
Regen	lluvia
Regenschauer	chubasco
regnerisch	lluvioso
Schnee	la nieve

schwül	bochorno
Sonne	el sol
sonnig	soleado
Temperatur	temperatura
warm	caliente, cálido
wechselhaft	inestable
Wetterbericht	el boletín meteorológico
Wettervorhersage	la predicción del tiempo
Wind	viento
Windstärke	fuerza del viento
Wolke	la nube

Reiseplanung

Hotelbuchung per E-Mail

Sehr geehrte Damen und Herren,

am 24. und 25. Juni benötige ich für zwei Nächte ein Einzel-/ Doppel-/Zweibettzimmer. Bitte teilen Sie mir mit, ob Sie ein Zimmer frei haben und was es pro Nacht (einschließlich Abendessen) kostet.

Mit freundlichen Grüßen

Apreciados señores:
Quisiera reservar una habitación sencilla/doble/con dos camas para las noches del 24 y 25 de junio. Hagan el favor de comunicarme si tienen habitaciones libres para esas fechas y el precio por noche (más cena).
Atentamente,

Dear Sir or Madam,
I would like to book a single/double/twin-bedded room for 2 nights on the 24 and 25 June. Please let me know if you have any vacancies and the total cost per night (plus dinner).
Yours faithfully,

Mietwagen per E-Mail

Sehr geehrte Damen und Herren,

für den Zeitraum vom 20.–25. Juli möchte ich von Barajas (Madrid) einen Kleinwagen/Mittelklassewagen/eine 7-sitzige Großraumlimousine mieten. Ich fliege von Barcelona ab und möchte deshalb dort den Leihwagen abgeben. Bitte teilen Sie mir Ihre Tarife mit und welche Unterlagen ich benötige.

Mit freundlichen Grüßen

Apreciados señores:
Quisiera alquilar un coche pequeño/de tamaño medio/de siete plazas del 20 al 25 de julio en el aeropuerto de Barajas (Madrid) y devolverlo en Barcelona, ya que el vuelo de regreso lo hago desde allí. Les agradecería que me informaran de las tarifas y de los documentos que es necesario presentar.
Atentamente,

Dear Sir/Madam,
I would like to hire a small/mid-range/7-seater people carrier from July 20–25 from Barajas (Madrid). I depart from Barcelona so wish to leave the car there. Please inform me of your rates and what documents I shall require.
Yours faithfully,

Allgemeine Fragen

Ich habe vor, meinen Urlaub in ... zu verbringen. Können Sie mir bitte Informationen über Unterkünfte in der Gegend geben?
Tengo la intención de pasar las vacaciones en... ¿Sería tan amable de darme información sobre dónde podría encontrar alojamiento en la zona?

Welche Gegend empfiehlt sich für Ferien auf einem Boot?
¿Qué región es recomendable para pasar las vacaciones en un barco?

An welche Art von Unterkunft haben Sie gedacht?
¿En qué tipo de alojamiento había pensado?

Ein Hotel.
Un hotel.

Eine Pension.
Una pensión.

Ein Fremdenzimmer.
Un hostal.

Eine Ferienwohnung.
Un apartamento.

Fragen zur Unterkunft

Hotel - Pension - Privatzimmer

Ich suche ein Hotel, jedoch nicht zu teuer - etwas in der mittleren Preislage.
Busco un hotel, pero que no sea muy caro, de tipo medio.

Ich suche ein Hotel mit Hallenbad/Golfplatz/Tennisplätzen.
Busco un hotel con piscina interior/campo de golf/pistas de tenis.

Können Sie mir ein schönes Fremdenzimmer mit Frühstück empfehlen?
¿Me podría recomendar un hostal con desayuno que esté bien?

Sind dort Hunde erlaubt?
¿Admiten perros?

Ist es möglich, ein weiteres Bett in einem der Zimmer aufzustellen?
¿Se puede poner otra cama en la habitación?

Wie viel kostet das pro Woche?
¿Cuánto cuesta por semana?

Ferienhäuser/Ferienwohnungen

Ich suche eine Ferienwohnung oder einen Bungalow.
Busco un apartamento o un bungalow.

Können Sie mir einen kinderfreundlichen Ferienbauernhof empfehlen?
¿Dónde podría encontrar una granja que tuviera actividades para niños?

Gibt es ...?
¿Tiene... ?

ein Kinderbett
una cama para niños

einen Hochstuhl
una trona

einen Fernseher
televisor

ein Telefon
teléfono

eine Waschmaschine
lavadora

eine Spülmaschine
lavavajillas

eine Mikrowelle
microondas

einen Wasserkocher
hervidor de agua

einen Kühlschrank
frigorífico

ein eigenes Bad
baño privado

eine eigene Dusche
ducha privada

eine Garage
cochera/garaje

Sind die Stromkosten im Preis eingeschlossen?
¿Va la luz incluida en el precio?

Werden Bettwäsche und Handtücher gestellt?
¿Hay ropa de cama y toallas?

Wie viel muss ich anzahlen und wann ist die Anzahlung fällig?
¿Qué paga y señal hay que hacer y cuándo?

Wo und wann kann ich die Schlüssel abholen?
¿Dónde y cuándo puedo recoger la llave?

Camping

Ich suche einen kleinen Campingplatz an der Südküste. Können Sie mir irgend etwas empfehlen?
Estoy buscando un camping en la costa sur. ¿Cuál me recomendaría?

Im Gespräch

Die Spanier halten sich gerne auf der Straße und an öffentlichen Orten auf. Wenn Spanier aufeinander treffen, dann reden sie auch miteinander. Deshalb ist in Parks, Zügen und Restaurants ein ständiges Stimmengewirr zu vernehmen. Schweigen, sei es auch noch so kurz, wird als unangenehm empfunden. Ein Ausspruch, mit dem man die plötzliche Stille in einem Gespräch kommentiert, ist deshalb *Ha pasado un ángel* („Ein Engel ist vorbeigeschwebt"). Um solche Situationen erst gar nicht aufkommen zu lassen, spricht man ausführlich über das Wetter oder Fußball.

Begrüßung und Verabschiedung

In Spanien schütteln die Männer zur Begrüßung einander die Hand. Frauen erhalten einen Kuss auf die Wange. Dabei wird der Kuss nur angedeutet.

Guten Morgen!
¡Buenos días! *(ungefähr bis 14 Uhr)*

Guten Tag!
¡Buenas tardes! *(ungefähr bis 20, 21 Uhr)*

Guten Abend!
¡Buenas tardes!/¡Buenas noches!

Hallo!/Grüß dich!
¡Hola! ¿Qué tal?

Wie ist Ihr Name, bitte?
¿Cómo se llama usted, por favor?

Wie heißt du?
¿Cómo te llamas?

In Spanien duzt man sich schneller als in Deutschland. Das gilt besonders für junge Leute.

Ich heiße ...
Me llamo...

Spanier haben immer zwei Nachnamen: der erste ist vom Vater, der zweite von der Mutter. Heiraten Frauen, nehmen sie nicht den Namen ihres Mannes an, sondern behalten beide Geburtsnamen.

Wie geht es Ihnen?
¿Qué tal está usted?

Wie geht's?
¿Qué tal?/¿Cómo estás?

Danke. Und Ihnen/dir?
Bien, gracias. ¿Y usted/tú?

Die Frage „Wie geht es dir?" *(¿Cómo estás?)* ist eine rhetorische Frage und wird normalerweise nur mit „gut" *(bien)* oder „sehr gut" *(muy bien)* beantwortet. Nur unter sehr guten Freunden oder nach wiederholter Nachfrage darf man offen über körperliche oder seelische Leiden sprechen.

Auf Wiedersehen!
¡Adiós!/¡Hasta la vista!

Bis bald!
¡Hasta pronto!

Bis später!
¡Hasta luego!

Bis morgen!
¡Hasta mañana!

Gute Nacht!
¡Buenas noches!

Tschüss!
¡Adiós!/¡Hasta luego!

Gute Reise!
¡Buen viaje!

Höflichkeit

Bitte und Dank

Bitte.
Por favor. *(Als Antwort auf „Danke!")* De nada.

Ja, bitte.
Sí, por favor.

Nein, danke!
No, gracias.

Höflichkeitsformen wie „Danke" oder „Bitte" werden in Spanien seltener als bei uns benutzt - das gilt vor allem für die Familie und für gute Bekannte.

Gestatten Sie?
¿Permite?

Können Sie mir bitte helfen?
¿Puede usted ayudarme, por favor?

Danke!
¡Gracias!

Danke, sehr gern!
¡Gracias, con mucho gusto!

Das ist nett, danke.
Gracias, es muy amable de su parte.

Bitte sehr./Gern geschehen.
De nada./No hay de qué.

Entschuldigung

Entschuldigung!
¡Perdón!

Es war nicht so gemeint.
No quería decir eso.

Das ist leider nicht möglich.
Lo siento, pero no es posible.

Herkunft und Aufenthalt

Woher kommen Sie/kommst du?
¿De dónde es usted/eres?

Ich bin aus Hamburg.
Soy de Hamburgo.

Sind Sie/Bist du schon lange hier?
¿Lleva usted/Llevas ya mucho tiempo aquí?

Ich bin seit ... hier.
Estoy aquí desde...

Wie lange bleiben Sie/bleibst du?
¿Cuánto tiempo se queda/te quedas?

Sind Sie/Bist du zum ersten Mal hier?
¿Es la primera vez que está usted/estás aquí?

Wie finden Sie/findest du es?
¿Qué le/te parece?

Verständigungsschwierigkeiten

Wie bitte?
¿Cómo dice/dices?

Ich verstehe Sie nicht. Bitte, wiederholen Sie es.
No le/la entiendo. ¿Puede repetir, por favor?

Bitte sprechen Sie etwas langsamer.
Por favor, hable un poco más despacio.

Ich verstehe.
Entiendo.

Sprechen Sie/Sprichst du ...
¿Habla usted/Hablas...

Deutsch?
alemán?

Englisch?
inglés?

Französisch?
francés?

Ich spreche nur wenig ...
Hablo solo un poco de...

Schreiben Sie es mir bitte auf!
Escríbamelo, por favor.

Unterwegs

In den größeren Städten Spaniens ist der Verkehr dicht, aber nicht chaotisch. Man fährt schnell, passt jedoch auf die anderen Auto- und Motorradfahrer auf. Oft hört man Hupen: Das heißt nicht unbedingt, dass jemand schlecht fährt oder aufpassen muss, sondern kann auch bedeuten, dass man einen Freund grüßen möchte oder die eigene Fußballmannschaft gewonnen hat.
In den Großstädten werden Sie schnell feststellen, dass die Spanier Motorräder lieben: Die Straßen sind voll davon. Fahrräder werden übrigens nicht als Transportmittel angesehen; sie benutzt man nur in der Freizeit.
Achtung! Im Sommer müssen Sie auf allen Straßen, die zu Stränden führen, mit langen Staus rechnen - natürlich besonders am Wochenende.

Fragen nach dem Weg

Ortsangaben

links	a la izquierda
rechts	a la derecha
geradeaus	todo seguido/derecho/recto
vor	delante de
hinter	detrás de
neben	junto a
gegenüber	frente a, enfrente de
hier	aquí
dort	allí
nah	cerca
weit	lejos

nach	después de
Ampel	semáforo
Straße	la calle
Kreuzung	el cruce
Kurve	curva

Wegbeschreibung

Entschuldigung, wie komme ich bitte nach ...?
Perdón, ¿cómo se va a...?

Immer geradeaus bis ...
Todo seguido (*Am* derecho) hasta...

Dann bei der Ampel links/rechts abbiegen.
Luego en el semáforo tuerza (*Am* doble) a la izquierda/derecha.

Folgen Sie den Schildern.
Siga los letreros/las indicaciones.

Wie weit ist das?
¿A qué distancia está?

Ungefähr zwei Kilometer.
Aproximadamente a dos kilómetros.

Es ist ganz in der Nähe.
Está muy cerca de aquí.

Bitte, ist das die Straße nach ...?
Disculpe, ¿es esta la carretera de...?

Bitte, wo ist ...?
Disculpe, ¿dónde está...?

Tut mir leid, das weiß ich nicht.
Lo siento, pero no lo sé.

Gehen Sie geradeaus/nach links/nach rechts.
Todo seguido (*Am* derecho)./Tuerza (*Am* Doble) a la izquierda/ derecha.

Erste/Zweite Straße links/rechts.
La primera/segunda calle a la izquierda/a la derecha.

Überqueren Sie ...
Atraviese...

die Brücke.
el puente.

den Platz.
la plaza.

die Straße.
la calle.

Nehmen Sie am besten den Bus Nr. ...
Lo mejor es que tome el autobús número...

An der Grenze

Passkontrolle

Ihren Pass, bitte!
Su pasaporte, por favor.

Haben Sie ein Visum?
¿Tiene usted un visado (*Am* una visa)?

Kann ich das Visum hier bekommen?
¿Puedo conseguir un visado (*Am* una visa) aquí mismo?

Spanien gehört zu den Ländern, die das Schengener Abkommen unterzeichnet haben. Deutsche werden bei der Einreise nicht mehr kontrolliert, den Personalausweis sollte man dennoch immer dabei haben.

Zollkontrolle

Haben Sie etwas zu verzollen?
¿Tiene usted algo que declarar?

Fahren Sie bitte rechts/links heran.
Aparque aquí a la derecha/a la izquierda, por favor.

Öffnen Sie bitte den Kofferraum/diesen Koffer.
¿Quiere abrir el maletero (*Am* baúl)/esta maleta (*Am* valija), por favor?

Muss ich das verzollen?
¿Hay que pagar derechos de aduana por esto?

Personalien

Familienname	apellido
Familienstand	estado civil
geschieden	divorciado/divorciada
getrennt lebend	separado/separada
ledig	soltero/soltera
verheiratet	casado/casada
verwitwet	viudo/viuda
Geburtsdatum	fecha de nacimiento
Geburtsname	el nombre de soltera
Geburtsort	el lugar de nacimiento
Staatsangehörigkeit	la nacionalidad
Vorname	el nombre (de pila)
Wohnort	domicilio

Grenze

Ausreise	salida, partida
Einreise	entrada
EU-Bürger(in)	ciudadano/ciudadana de la Unión Europea
Führerschein	permiso/el carnet de conducir
Grenzübergang	paso fronterizo
grüne Versicherungskarte	carta verde (del seguro)
gültig	válido
internationaler Impfpass	certificado internacional de vacunación
Nationalitätskennzeichen	distintivo de nacionalidad (en un vehículo)
Nummernschild	(placa de) matrícula
Passkontrolle	el control de pasaportes
Personalausweis	el carnet/documento de identidad (*Am* cédula personal)
Reisepass	el pasaporte
Visum	visado (*Am* visa)
Zoll	aduana
zollfrei	exento de derechos de aduana
Zollgebühren	los derechos de aduana
zollpflichtig	sujeto a derechos de aduana

Auto und Motorrad

Autobahnen *(autopistas)* sind gebührenpflichtig und sehr teuer; Schnellstraßen *(autovías)* und Landstraßen *(carreteras)* sind kostenlos.

Reisewege, Vorschriften ...

Autobahn	autopista
Autobahngebühren	el peaje
Bußgeld	multa
Hauptstraße	carretera principal
Landstraße	carretera
Nebenstraße	carretera secundaria
Promillegrenze	el límite de alcoholemia
Radarkontrolle	el control de radar
Rastplatz	(el) área de descanso
Raststätte	el albergue de carretera
Schnellstraße	autovía
Stau	atasco, embotellamiento
Straßenbenutzungsgebühr	el peaje
trampen	hacer autostop
Tramper	el/la autostopista
Wegweiser	el indicador de camino

Trampen wird in Spanien als gefährlich gesehen.

Hinweise und Informationen

accidente en cadena	**Auffahrunfall**
aduana	**Zoll**
alta tensión	**Hochspannung**
aparcamiento (*Am* playa de estacionamiento)	**Parkplatz**
atasco	**Verkehrsstau**
atención	**Achtung**

bajada peligrosa	**starkes Gefälle**
bocacalle	**Straßeneinmündung**
calzada en mal estado	**schlechte Fahrbahn**
calle de sentido único	**Einbahnstraße**
callejón sin salida	**Sackgasse**
cambiarse de carril	**Fahrbahn wechseln**
carril bici	**Radweg**
ceder el paso	**Vorfahrt achten**
cerrado al tráfico	**gesperrt für alle Fahrzeuge**
circulación en ambos sentidos	**Gegenverkehr**
circunvalación	**Umgehungsstraße**
conducir por la derecha	**rechts fahren**
cruce	**Kreuzung**
curva peligrosa	**gefährliche Kurve**
choque	**Zusammenstoß**
dejar libre la salida	**Ausfahrt frei halten**
desviación	**Umleitung**
disco de estacionamiento limitado	**Parkscheibe**
disminuir la marcha	**langsamer fahren**
embotellamiento	**Verkehrsstau**
escuela	**Schule**
estacionamiento	**Parkplatz**
fin de la prohibición de estacionar	**Ende des Parkverbots**
garaje/aparcamiento	**Parkhaus**
gravilla	**Rollsplit**
hospital	**Krankenhaus**

límite de velocidad	**Geschwindigkeitsbegrenzung**
niños	**Schulkinder**
obras	**Straßenarbeiten, Baustelle**
paso a nivel sin barrera	**unbeschrankter Bahnübergang**
paso de peatones/de cebra	**Zebrastreifen**
paso subterráneo	**Fußgängerunterführung**
peligro	**Gefahr**
peligro de deslizamiento	**Rutschgefahr**
peso máximo autorizado	**Gewichtsgrenze**
posicionarse en el carril izquierdo	**Links einordnen**
precaución	**Vorsicht**
principiante	**Anfänger**
prohibido adelantar	**Überholen verboten**
prohibido aparcar/estacionar	**Parken verboten**
prohibido parar	**Halten verboten**
prohibido el tráfico (*Am* tránsito)	**gesperrt für alle Fahrzeuge**
prohibido girar a la derecha	**Rechtsabbiegen verboten**
prohibida la entrada	**keine Einfahrt**
prohibido girar	**Wenden verboten**
puente	**Brücke**
rotonda	**Kreisverkehr**
salida	**Ausfahrt**
salida de la autopista	**Autobahnausfahrt**
semáforo	**Verkehrsampel**
túnel	**Tunnel**
vado permanente	**Halteverbot vor Ausfahrten**

zona azul	**Kurzparkzone**
zona peatonal	**Fußgängerzone**

An der Tankstelle

Wo ist bitte die nächste Tankstelle?
¿Dónde está la gasolinera más cercana, por favor?

Ich möchte ... Liter ...
Quisiera... litros de...

Normalbenzin.
gasolina normal.

Super.
súper.

Diesel.
diésel/gasóleo.

bleifrei/mit ... Oktan.
sin plomo/de ... octanos.

Voll tanken, bitte.
Lleno, por favor.

Prüfen Sie bitte ...
¿Quiere comprobar...

den Ölstand.
el nivel del aceite?

den Reifendruck.
la presión de las ruedas?

Ich möchte eine Straßenkarte dieser Gegend, bitte.
Quisiera un mapa de esta zona, por favor.

Parken

Gibt es hier in der Nähe eine Parkmöglichkeit?
Disculpe, ¿hay algún sitio para aparcar por aquí cerca?

Kann ich den Wagen hier abstellen?
¿Puedo dejar el coche aquí?

Ist der Parkplatz bewacht?
¿Es un estacionamiento vigilado?

Wie hoch ist die Parkgebühr pro Stunde?
¿Cuál es el precio del aparcamiento por hora?

Ist das Parkhaus die ganze Nacht geöffnet?
¿Está el aparcamiento abierto toda la noche?

Eine Panne

Ich habe eine Panne.
Tengo una avería.

Wo ist hier in der Nähe eine Werkstatt?
¿Hay algún taller por aquí cerca?

Würden Sie bitte den Pannendienst anrufen?
¿Podría llamar al servicio de asistencia técnica en carretera?

Würden Sie mir bitte einen Mechaniker/einen Abschleppwagen schicken?
¿Puede usted enviarme un mecánico/una grúa?

Könnten Sie mir mit Benzin aushelfen?
¿Podría usted darme un poco de gasolina, por favor?

Könnten Sie mir beim Reifenwechsel helfen?
¿Podría usted ayudarme a cambiar la rueda?

Würden Sie mich bis zur nächsten Werkstatt mitnehmen?
¿Puede usted llevarme hasta el taller más próximo?

Abschleppdienst	servicio de remolque
abschleppen	remolcar
Abschleppseil	el cable de remolque
Abschleppwagen	grúa
Benzinkanister	el bidón (*Am* el tanque) de gasolina
Ersatzrad	rueda de repuesto
Notrufsäule	el poste de socorro
Panne	avería
Pannendienst	asistencia técnica en carretera
Platten	rueda pinchada
Starthilfekabel	los cables de arranque
Wagenheber	gato
Warnblinker	las luces de emergencia
Warndreieck	triángulo de emergencia
Werkzeug	herramienta

In der Werkstatt

Mein Wagen springt nicht an.
El coche no arranca.

Mit dem Motor stimmt was nicht.
El motor no funciona bien.

... ist/sind defekt.
...está/están estropeado(s)/estropeada(s).

Der Wagen verliert Öl.
El coche pierde aceite.

Können Sie mal nachsehen?
¿Puede usted mirar, por favor?

Machen Sie bitte nur die nötigsten Reparaturen.
Haga solo las reparaciones estrictamente necesarias.

Wann ist der Wagen/das Motorrad fertig?
¿Cuándo estará arreglado el coche/
arreglada la moto?

Was wird es kosten?
¿Cuánto costará?

Abblendlicht	la luz corta/de cruce
Alarmanlage	(dispositivo de) alarma
Anlasser	el motor de arranque
Auspuff	tubo (*Am* caño) de escape
Automatik(getriebe)	cambio automático
Benzinpumpe	bomba de gasolina
Blinker	el intermitente
Bremse	freno
Bremsflüssigkeit	líquido de freno
Bremslichter	las luces de frenado
Defekt	avería
Fernlicht	la luz larga/de carretera
Frostschutzmittel	el anticongelante
Gang	marcha, la velocidad
erster Gang	primera (marcha)
Leerlauf	punto muerto
Rückwärtsgang	marcha atrás
Gaspedal	el acelerador
Getriebe	caja de cambio
Handbremse	freno de mano
Hupe	bocina, el claxon
Kofferraum	maletero
Kühler	el radiador

Kühlwasser	(el) agua del radiador
Kupplung	el embrague
Kurzschluss	cortocircuito
Lichtmaschine	la dínamo
Luftfilter	filtro de aire
Motor	el motor
Motorhaube	capó, capota
Öl	el aceite
Ölwechsel	cambio de aceite
Rad	rueda
Reifen	neumático, rueda
Rücklichter	las luces traseras
Rückspiegel	el (espejo) retrovisor
Scheibenwischer	el limpiaparabrisas
Scheinwerfer	faro
Schraube	tornillo
Sicherheitsgurt	el cinturón de seguridad
Standlicht	la luz de posición/de estacionamiento
Stoßstange	el parachoques (*Am* el paragolpes)
Tachometer	velocímetro
Tank	depósito
elektronische Wegfahrsperre	el inmovilizador antirrobo
Werkstatt	el taller
Windschutzscheibe	el parabrisas
Winterreifen	los neumáticos de invierno
Zündkerze	bujía
Zündung	encendido (*Am* la ignición)

Verkehrsunfall

Es ist ein Unfall passiert.
Ha habido un accidente.

Rufen Sie bitte schnell ...
Llame enseguida...

einen Krankenwagen.
a una ambulancia.

die Polizei.
a la policía.

die Feuerwehr.
a los bomberos.

Haben Sie Verbandszeug?
¿Tiene usted botiquín de primeros auxilios?

Sie haben ...
Usted...

die Vorfahrt nicht beachtet.
no ha respetado la preferencia.

nicht geblinkt.
no ha encendido el intermitente.

Sie sind ...
Usted...

zu schnell gefahren.
iba demasiado deprisa.

bei Rot über die Kreuzung.
ha pasado con el semáforo en rojo.

Geben Sie mir bitte Ihren Namen und Ihre Anschrift.
¿Puede usted darme su nombre y dirección?

Vielen Dank für Ihre Hilfe.
Muchas gracias por su ayuda.

Auto-, Motorrad- und Fahrradvermietung

Ich möchte für zwei Tage/eine Woche ... mieten.
Quisiera alquilar por dos días/una semana...

einen (Gelände-)Wagen
un coche (todoterreno).

ein Motorrad
una moto.

ein Fahrrad
una bici/bicicleta.

Wie hoch ist die Tages-/Wochenpauschale?
¿Qué tarifa se paga por día/semana?

Wie viel verlangen Sie pro gefahrenem Kilometer?
¿Cuánto se paga por cada kilómetro de recorrido?

Ist das Fahrzeug vollkaskoversichert?
¿Está el vehículo asegurado a todo riesgo?

Ist es möglich, das Fahrzeug in ... abzugeben?
¿Es posible entregar el vehículo en...?

Führerschein	permiso de conducción, carnet de conducir
GPS	el GPS
hinterlegen	depositar
Kindersitz	silla infantil (para el coche)
Kaution	fianza
Mietwagen	vehículo de alquiler
Nierengurt	riñonera

Papiere	los documentos/los papeles
Schiebedach	techo solar
Sturzhelm	casco
Teilkasko	seguro parcial
grüne Versicherungskarte	carta verde (del seguro)
Vollkasko	seguro a todo riesgo
Wochenendpauschale	tarifa de fin de semana
Zündschlüssel	la llave de encendido

Flugzeug

Einen Flug buchen

Wann fliegt die nächste Maschine nach ...?
¿A qué hora sale el próximo avión para...?

Sind noch Plätze frei?
¿Quedan plazas libres?

Ich möchte einen einfachen Flug nach ... buchen.
Quisiera reservar un vuelo de ida a...

Ich möchte einen Hin- und Rückflug nach ... buchen.
Quisiera reservar un vuelo de ida y vuelta a...

Was kostet der Flug Touristenklasse/1. Klasse?
¿Cuánto cuesta el vuelo en clase turista/en primera clase?

Ich möchte bitte ...
Quisiera estar...

einen Fensterplatz.
al lado de la ventanilla.

einen Platz am Gang.
al lado del pasillo.

Ich möchte diesen Flug stornieren.
Quisiera anular este billete.

Ich möchte diesen Flug umbuchen.
Quisiera cambiar este billete/esta reserva.

Am Flughafen

Wo ist Terminal...?
¿Dónde está la terminal...?

Wo ist bitte der *(Name der Fluggesellschaft)***...-Schalter?**
¿Perdón, dónde está el mostrador de facturación de (la compañía)...?

Gibt es für den Flug einen Vorabend-/Telefon-/Internet-Check-in?
¿Se ofrece un servicio de facturación la noche anterior/por teléfono/por internet para este vuelo?

Könnte ich bitte Ihren Flugschein sehen?
¿Me permite ver su billete?

Kann ich das als Handgepäck mitnehmen?
¿Puedo llevar esto como equipaje de mano?

Wann landet die Maschine aus ...?
¿Cuándo aterriza el avión (procedente) de...?

An Bord

Könnten Sie mir bitte ein Glas Wasser bringen?
¿Me puede traer un vaso de agua, por favor?

Könnte ich bitte noch ein Kissen/eine Decke haben?
¿Me puede traer otro cojín/otra manta, por favor?

Würde es Ihnen etwas ausmachen, mit mir den Platz zu tauschen?
¿Le importaría cambiarme el sitio?

Ankunft

Mein Gepäck ist verloren gegangen.
Mi equipaje se ha perdido.

Mein Koffer ist beschädigt worden.
Me han roto la maleta (*Am* valija).

Von wo fährt der Bus in Richtung ... ab?
¿De dónde sale el autobús hacia...?

Abflug	el despegue
Ankunft	llegada
Ankunftszeit	hora de llegada
Anschluss	la conexión
Auslandsflug	vuelo internacional
Bordkarte	tarjeta de embarque
Check-in	la facturación
einchecken	facturar
Flug	vuelo
Fluggesellschaft	compañía aérea
Flughafen	aeropuerto
Flughafenbus	el autobús del aeropuerto
Flughafengebühr	las tasas del aeropuerto
Flugsteig	puerta
Flugzeug	el avión
Gepäck	el equipaje
Gepäckabfertigung	la facturación de equipajes
Gepäckausgabe	entrega de equipaje
Gepäckwagen	carro portaequipajes

Inlandsflug	vuelo nacional
Landung	el aterrizaje
Notausgang	salida de emergencia
Notlandung	el aterrizaje forzoso
Notrutsche	el tobogán de emergencia
Passagier/in	pasajero/pasajera
Pilot/in	el/la piloto
planmäßiger Abflug	salida programada/prevista
Schwimmweste	chaleco salvavidas
Sicherheitsgebühr	tasa de seguridad
Sicherheitskontrolle	el control de seguridad
Steward/ess	el/la auxiliar de vuelo; azafato/ azafata (*Am* aeromozo/aeromoza)
stornieren	anular
Terminal	la terminal
umbuchen	cambiar una reserva
Verspätung	retraso
zollfreier Laden	tienda libre de impuestos/el duty free
Zwischenlandung	escala, transbordo

Eisenbahn

Fahrkarten kaufen

Eine einfache Fahrt 2. Klasse/1. Klasse nach ..., bitte.
Un billete (*Am* boleto) de segunda/de primera clase para..., por favor.

Zweimal ... hin und zurück, bitte.
Dos billetes (*Am* boletos) de ida y vuelta a..., por favor.

Gibt es eine Ermäßigung für Kinder/Studenten/Senioren?
¿Hacen ustedes descuento para niños/estudiantes/jubilados?

Bitte eine Platzkarte für den Zug um ... Uhr nach ...
Una reserva para el tren de las... a..., por favor.

Ich möchte einen Liegewagen-/Schlafwagenplatz.
Quisiera un billete (*Am* boleto) para el coche litera/el coche cama (*Am* el coche dormitorio).

Gibt es einen Autoreisezug nach ...?
¿Hay un autotrén para...?

Habe ich in ... Anschluss nach ...?
¿Hay enlace (*Am* combinación) en... para...?

(Wo) muss ich umsteigen?
¿(Dónde) tengo que hacer transbordo?

Im Bahnhof

Ich möchte diesen Koffer als Reisegepäck aufgeben.
Quisiera facturar esta maleta (*Am* valija).

Wo kann ich mein Fahrrad aufgeben?
¿Dónde puedo facturar mi bicicleta?

Von welchem Gleis fährt der Zug nach ... ab?
¿De qué andén sale el tren para...?

Der Zug Nr. ... aus ... hat 10 Minuten Verspätung.
El tren número..., procedente de... tiene diez minutos de retraso.

Im Zug

Verzeihung, ist dieser Platz noch frei?
Disculpe, ¿está libre este asiento?

Darf ich das Fenster öffnen/schließen?
¿Le importa si abro/cierro la ventanilla?

Entschuldigen Sie, das ist mein Platz. Ich habe eine Platzkarte.
Disculpe, ese es mi asiento. Tengo una reserva.

Hinweise und Informationen

Agua no potable	**kein Trinkwasser**
Andén	**Bahnsteig**
Caballeros	**Herren**
Coche cama (*Am* coche dormitorio)	**Schlafwagen**
Coche litera	**Liegewagen**
Coche restaurante	**Speisewagen**
Consigna	**Aufbewahrung**
Consigna automática	**Schließfächer**
Despacho de billetes (*Am* boletería)	**Fahrkartenschalter**
Freno de emergencia	**Notbremse**
Fumadores	**Raucher**
Horario	**Fahrplan**
Información	**Auskunft**
Jefe/jefa de estación	**Stationsvorsteher(in)**
Lavabo	**Waschraum**
Libre	**Frei**
Llegada	**Ankunft**
No fumadores	**Nichtraucher**
Ocupado	**Besetzt**
Paso a los andenes	**Zu den Bahnsteigen**
Paso subterráneo	**Unterführung**
Refrescos	**Erfrischungen**

Sala de espera	**Wartesaal**
Salida	**Abfahrt; Ausgang**
Señoras	**Damen**
Servicio sanitario (*Am* asistencia pública)	**Sanitätsstelle**
Vía	**Gleis**
W.C./Lavabos	**Toiletten**

Abfahrt	salida, partida
Abfahrtszeit	hora de salida
Abteil	departamento (*Am* compartimiento)
ankommen	llegar
Aufenthalt	parada
aussteigen	bajar(se)
Autoreisezug	el autotrén
Bahnhof	la estación
einsteigen	subir(se)
Ermäßigung	descuento, la reducción
Fahrkarte	el billete (*Am* boleto)
Fahrkartenkontrolle	el control de billetes (*Am* boletos)
Fahrkartenschalter	ventanilla (*Am* boletería)
Fahrplan	horario
Fahrpreis	precio del billete
Fensterplatz	asiento junto a la ventanilla
Gang	pasillo
Gepäck	el equipaje
Gepäckaufbewahrung	consigna (de equipajes)
Gepäckschalter	ventanilla de equipajes
Gleis	el andén
Großraumwagen	el vagón abierto
Hauptbahnhof	la estación central

Interrail	el interrail
Kinderfahrkarte	el billete (*Am* boleto) infantil
Nichtraucherabteil	departamento (*Am* compartimiento) de no fumadores
Platzkarte	reserva de asiento
Raucherabteil	departamento (*Am* compartimiento) de fumadores
Reservierung	reserva
Rückfahrkarte	el billete de ida y vuelta
Schließfach	consigna automática
Speisewagen	el coche restaurante
Wagennummer	número del vagón
Wartesaal	sala de espera
Zug	el tren
Zuschlag	suplemento

Schiff

Auskunft

Wann fährt das nächste Schiff/die nächste Fähre nach ... ab?
¿Cuándo sale el próximo barco/el próximo ferry (*Am* ferryboat) para...?

Wie lange dauert die Überfahrt?
¿Cuánto dura la travesía?

Ich möchte eine Schiffskarte für ...
Quisiera un pasaje para...

die 1. Klasse
primera clase

die Touristenklasse
clase turista/segunda clase

eine Einzelkabine
un camarote individual

eine Zweibettkabine
un camarote doble

anlegen in	atracar en, hacer escala en
Buchung	reserva
Dampfer	el vapor
Deck	cubierta
Fähre	el ferry (*Am* el ferryboat)
Autofähre	el transbordador de automóviles
Fahrkarte	el billete (*Am* boleto)
Festland	tierra firme
Hafen	puerto
Kabine	cabina
Kai	el muelle
Kapitän/in	el capitán/la capitana
Kreuzfahrt	crucero
Küste	costa
Landausflug	la excursión (en tierra)
Luftkissenboot	el aerodeslizador
Rettungsboot	el bote salvavidas
Rettungsring	el salvavidas
Rundfahrt	la excursión
Schwimmweste	chaleco salvavidas
Seegang	el oleaje
seekrank sein	estar mareado/mareada
Tragflügelboot	(el) hidroala, el hidrofoil

Nahverkehrsmittel

Bitte, wo ist die nächste ...
Por favor, ¿dónde está la próxima...

Bushaltestelle?
parada de autobús?

Straßenbahnhaltestelle?
parada de tranvía?

U-Bahnstation?
parada/estación de metro?

Welche Linie fährt nach ...?
¿Cuál es la línea que va a..., por favor?

Wann fährt die erste/letzte U-Bahn nach ...?
¿Cuándo sale el primer/último metro para...?

Ist dies der richtige Bus nach ...?
¿Es este el autobús para...?

Wie viele Haltestellen sind es?
¿Cuántas paradas son?

Wo muss ich aussteigen/umsteigen?
¿Dónde tengo que bajar/cambiar?

Geben Sie mir bitte Bescheid, wenn ich aussteigen muss.
Haga el favor de avisarme cuando tenga que bajar.

Bitte, einen Fahrschein nach ...
Un billete (*Am* boleto) a..., por favor.

Abfahrt	salida
Bus	el autobús
Busbahnhof	la estación de autobuses
einsteigen	subir
Endstation	la estación final
entwerten	sellar, validar
Fahrkartenautomat	máquina expendedora de billetes (*Am* boletos)
Fahrplan	horario
Fahrpreis	precio del billete
Fahrschein	el billete (*Am* boleto)
Fahrscheinentwerter	máquina canceladora de billetes (*Am* boletos)
Haltestelle	parada
Kontrolleur/in	el revisor/la revisora
Mehrfahrtenkarte	el billete (*Am* boleto) multiviaje
Nahverkehrszug	el tren de cercanías
Obus	el trolebús
Richtung	la dirección
Schaffner/in	el revisor/la revisora
Stadtbus	el autobús (urbano)
Straßenbahn	el tranvía
Tageskarte	abono diario, el billete válido para un solo día
U-Bahn	metro
Überlandbus	el coche de línea, el autobús interurbano
Wochenkarte	el billete/abono semanal
Zahnradbahn	el ferrocarril de cremallera

Taxi

Wo ist der nächste Taxistand?
¿Dónde está la parada de taxis más cercana?

Zum Bahnhof.
A la estación.

Zum ... Hotel.
Al hotel...

In die ...-Straße.
A la calle...

Nach ..., bitte.
A..., por favor.

Wie viel kostet es nach ...?
¿Cuánto cuesta hasta...?

Halten Sie bitte hier.
Pare aquí, por favor.

Das ist für Sie.
Aquí tiene.

Das Wechselgeld ist für Sie.
Quédese con el cambio.

halten	parar
Hausnummer	número de la casa
Kilometerpreis	precio por kilómetro
Pauschalpreis	precio global/total
Quittung	recibo
Taxifahrer/in	el/la taxista
Taxistand	parada de taxis
Trinkgeld	propina

Übernachten

Hotel - Pension - Privatzimmer

An der Rezeption

Ich habe ein Zimmer reserviert. Mein Name ist ...
Tengo una habitación reservada a nombre de...

Wir haben reserviert.
Tenemos una reserva.

Haben Sie noch Zimmer frei ...
¿Tienen ustedes habitaciones libres...

... für eine Nacht?
... para una noche?

... für zwei Tage?
... para dos días?

... für eine Woche?
... para una semana?

Haben Sie Familienzimmer?
¿Tienen habitaciones para familias?

Nein, leider nicht.
Lo siento, no tenemos.

Ja, was für ein Zimmer wünschen Sie?
Sí. ¿Qué clase de habitación desea (usted)?

Ich hätte gern ...
Quisiera...

ein Einzelzimmer
una habitación individual

ein Doppelzimmer
una habitación doble

ein ruhiges Zimmer
una habitación tranquila

mit Dusche
con ducha

mit Bad
con baño

mit Balkon/Terrasse
con balcón/terraza

mit Blick aufs Meer
con vistas al mar

mit/ohne Klimaanlage
con/sin aire acondicionado

zum Innenhof gelegen
que dé al patio interior

Kann ich das Zimmer ansehen?
¿Puedo ver la habitación?

Dieses Zimmer gefällt mir nicht. Zeigen Sie mir bitte ein anderes.
Esta habitación no me gusta. ¿Puede enseñarme otra, por favor?

Dieses Zimmer nehme ich.
Tomaré esta habitación.

Können Sie noch ein drittes Bett/ein Kinderbett dazustellen?
¿Podrían poner otra cama/una cama para un niño?

Was kostet das Zimmer mit ..., bitte?
¿Cuánto cuesta la habitación con..., por favor?

Frühstück
desayuno

Halbpension
media pensión

Vollpension
pensión completa

Würden Sie bitte den Anmeldeschein ausfüllen?
¿Puede rellenar el formulario de inscripción, por favor?

Darf ich Ihren Reisepass/Personalausweis sehen?
¿Puedo ver su pasaporte/carnet de identidad?

Könnten Sie bitte mein Gepäck auf das Zimmer bringen lassen?
¿Pueden llevarme el equipaje a la habitación?

Wo kann ich den Wagen abstellen?
¿Dónde puedo aparcar el coche?

In unserer Garage.
En nuestro garaje.

Auf unserem Parkplatz.
En nuestro aparcamiento.

Fragen und Bitten

Ab wann gibt es Frühstück?
¿A partir de qué hora se puede desayunar?

Wann sind die Essenszeiten?
¿A qué hora se sirven las comidas?

Wo ist der Speisesaal?
¿Dónde está el comedor?

Wo ist der Frühstücksraum?
¿Dónde se sirve el desayuno?

Könnten Sie mich bitte morgen früh um 7 Uhr wecken?
¿Me podrían despertar mañana a las siete?

Wecken Sie mich bitte morgen früh um ... Uhr.
¿Me puede despertar mañana a las...?

Würden Sie mir bitte ... bringen?
¿Serían tan amables de traerme...

ein Badetuch
una toalla?

noch eine Decke
otra manta/otro edredón?

Würden Sie mir bitte morgen das Frühstück ins Zimmer bringen?
¿Me hará el favor de servirme mañana el desayuno en la habitación?

Wie funktioniert ...?
¿Cómo funciona...?

Zimmernummer 24, bitte.
Habitación 24, por favor

Ist Post für mich da?
¿Hay cartas para mí?

Wo kann ich ...
¿Dónde puedo...

ein Auto mieten?
alquilar un coche?

hier telefonieren?
llamar por teléfono?

Kann ich meine Wertsachen bei Ihnen in den Safe geben?
¿Puedo depositar mis objetos de valor en su caja de seguridad?

Kann ich mein Gepäck hier lassen?
¿Puedo dejar las maletas aquí?

Abreise

Ich reise morgen/heute Abend um ... Uhr ab.
Me marcho mañana/esta tarde a las...

Bis wann muss ich das Zimmer räumen?
¿A qué hora tengo que dejar libre la habitación?

Könnten Sie bitte die Rechnung fertig machen?
Prepáreme la cuenta, por favor.

Nehmen Sie Kreditkarten?
¿Aceptan ustedes tarjetas de crédito?

Könnten Sie mir bitte ein Taxi rufen?
¿Puede pedirme un taxi, por favor?

Vielen Dank für alles! Auf Wiedersehen!
Muchas gracias por todo. Adiós.

anzahlen	dar como señal
Anzahlung	la señal, depósito
erlauben; Haustiere (nicht) erlaubt	permitir, aceptar; (no) se permiten/aceptan mascotas
Ferienwohnung	apartamento
Fremdenzimmer	la habitación de huéspedes
Hotel	el hotel
inklusive	incluido
Kosten	los gastos
Nebenkosten	los gastos adicionales
Unkosten	los gastos

Camping

Könnten Sie mir bitte sagen, ob es in der Nähe einen Campingplatz gibt?
¿Podría decirme si hay por aquí algún camping?

Haben Sie noch Platz für einen Wohnwagen/ein Zelt?
¿Tienen ustedes sitio para una caravana/una tienda?

Wie hoch ist die Gebühr pro Tag und Person?
¿Cuánto cuesta por día y por persona?

Wie hoch ist die Gebühr für ...
¿Cuánto se paga por...

das Auto?
un coche?

den Wohnwagen?
una caravana?

das Wohnmobil?
una autocaravana?

das Zelt?
una tienda de campaña?

Vermieten Sie stationäre Wohnwagen?
¿Alquilan ustedes caravanas estacionadas?

Wir bleiben ... Tage/Wochen.
Pensamos quedarnos... días/semanas.

Wo sind ...
¿Dónde están...

die Toiletten?
los servicios?

die Waschräume?
los lavabos?

die Duschen?
las duchas?

Gibt es hier Stromanschluss?
¿Hay aquí corriente eléctrica?

Wo kann ich Gasflaschen umtauschen?
¿Dónde puedo cambiar bombonas de butano?

Camping	el camping
Campingausweis	el carnet de campista
Campingführer	guía de campings
Campingplatz	el camping
Gasflasche	bombona de gas
Gaskartusche	cartucho de gas
Gaskocher	el camping gas
Geschirrspülbecken	fregadero
Hering	piqueta
Kocher	hornillo, horno
Petroleumlampe	lámpara de petróleo
Propangas	el (gas) butano
Schlafsack	saco de dormir
Steckdose	el enchufe
Stecker	(clavija de) enchufe
Strom	la corriente, la electricidad
Stromanschluss	toma de corriente
Trinkwasser	(el) agua potable
Voranmeldung	aviso previo
Waschraum	los lavabos
Wasser	(el) agua
Wasserkanister	el bidón
Wohnmobil	autocaravana
Wohnwagen	caravana
Zelt	tienda de campaña
zelten	acampar, hacer camping
Zeltschnur	cuerda de tienda de campaña
Zeltstange	palo de tienda de campaña

Essen und Trinken

Spanien bietet eine köstliche und abwechslungsreiche Küche: hervorragende Meeresfrüchte, überraschende Fleischgerichte und vielfältiges Gemüse. Dazu gute und preiswerte Weine. Jede Region hat ihre eigene Küche mit leckeren Spezialitäten, die Sie auf jeden Fall probieren sollten:

Andalusien:	*gazpacho andaluz* (kalte Cremesuppe aus rohem Gemüse)
Balearen:	*caldereta de pescado* (Fischtopf)
Baskenland:	*bacalao a la vasca* (Stockfisch mit roter Soße) *besugo al horno* (Seebrasse gebacken)
Galicien:	Fisch, Meeresfrüchte, Austern
Katalonien:	*fabes a la catalana* (dicke Bohnen mit Minze, Paprikawurst und Wein)
Nordkastilien:	*cordero al horno* (Lamm im Backofen gebraten) *olla podrida* (Eintopf aus Fleisch, Kichererbsen, Speck und Gemüse)
Valencia:	*paella valenciana* (Reispfanne mit Hühnerfleisch, Bohnen und Meeresfrüchten)

Essen gehen

Wo gibt es hier ...
¿Dónde hay por aquí cerca...

ein gutes Restaurant?
un buen restaurante?

ein nicht zu teures Restaurant?
un restaurante no demasiado caro?

einen Schnellimbiss?
un restaurante de comida rápida?

Wo kann man hier in der Nähe gut/preiswert essen?
¿Dónde se puede comer bien/por poco dinero por aquí cerca?

El café entspricht etwa dem deutschen Café, in vielen Fällen ist es aber in den letzten Jahren durch **cafeterías** ersetzt worden. Dort kann man Kaffee, Erfrischungen oder auch Alkohol trinken. Kuchen werden aber nicht immer angeboten.
El bar entspricht keineswegs dem deutschen Begriff. Man bekommt dort vom Kaffee bis zu alkoholischen Getränken alles und hat auch die Möglichkeit, einen kleinen Imbiss einzunehmen.
La cafetería ist ein Lokal, wo man an der Theke, an einem Tisch oder auf der Terrasse Getränke aller Art, die für Spanien typischen Vorspeisen *(tapas)* und kleine Mahlzeiten bestellen kann.
La taberna (volkstümlich **la tasca**) ist ein kleineres Lokal, wo man hauptsächlich Wein, aber auch andere Getränke trinken und kaufen kann.
El (café-)restaurante ist ein größeres Lokal, in dem man etwas trinken und zu Mittag oder zu Abend essen kann.
el chiringuito ist ein während der Hauptsaison besuchtes Lokal (im Freien, fast immer am Strand), wo man Getränke und hauptsächlich Fischgerichte bekommt.
La hamburguesería ist ein Schnellrestaurant, wo vor allem Hamburger *(hamburguesas)*, Getränke, Pommes frites u. Ä. serviert werden.

Im Restaurant

Reservieren Sie uns bitte für heute Abend einen Tisch für vier Personen.
¿Puede reservarnos para esta noche una mesa para cuatro personas?

Ist dieser Tisch/Platz noch frei?
¿Está libre esta mesa/esta silla?

Einen Tisch für zwei/drei Personen, bitte.
Una mesa para dos/tres personas, por favor.

Wo sind bitte die Toiletten?
¿Dónde están los servicios, por favor?

Darf ich rauchen?
¿Puedo fumar?

Die Hauptmahlzeit ist in Spanien das Mittagessen, das zwischen 13 und 16 Uhr eingenommen wird. Während dieser Zeit haben die meisten Geschäfte geschlossen. Abends haben Restaurants in der Regel von 20 bis 24 Uhr geöffnet.
Üblich ist es, zwei Gänge zu bestellen. Zum Mittagsmenü (zwei Gänge plus Brot und Dessert) bekommt man normalerweise ein Getränk - Wasser, Wein oder Bier - serviert; es ist im Preis inbegriffen.

Bestellung

Herr Ober/Bedienung,
Camarero/Camarera (*Am* mozo/moza),

die Speisekarte.
la carta (*Am* el menú).

die Getränkekarte, bitte.
la carta de bebidas, por favor.

Was können Sie mir empfehlen?
¿Qué me recomienda usted?

Haben Sie vegetarische Gerichte/Diätkost?
¿Tienen ustedes comida vegetariana/comida de régimen?

Gibt es auch Kinderportionen/Kindermenü?
¿Hacen ustedes también platos especiales para niños/menú infantil?

Haben Sie schon gewählt?
¿Ya han elegido?

Ich nehme ...
Voy a tomar...

Als Vorspeise/Hauptgericht/Nachtisch nehme ich ...
Voy a tomar de primer plato/de segundo/de postre...

Ich möchte keine Vorspeise, danke.
Yo no tomo primer plato, gracias.

Wir haben leider kein/e ... (mehr).
Lo siento, se nos ha(n) terminado...

Dieses Gericht servieren wir nur auf Bestellung.
Esta comida hay que encargarla antes.

Könnte ich statt ... ... haben?
¿Puede traerme... en lugar de...?

Ich bin allergisch gegen ...
Soy alérgico/alérgica...

Eier
a los huevos

Gluten
al gluten

Milchprodukte
a los productos lácteos

Nüsse.
a los frutos secos.

Ich bin ...
Soy...

Diabetiker/in.
diabético/diabética.

Vegetarier/in.
vegetariano/vegetariana.

Veganer/in.
vegano/vegana.

Wie möchten Sie Ihr Steak haben?
¿Como desea usted el filete?

Gut durch.
Bien hecho.

Halb durch.
En su punto.

Englisch.
Poco hecho.

Was wollen Sie trinken?
¿Qué desea usted beber (*Am* tomar)?

Bitte ein Glas ...
Un vaso de..., por favor.

Bitte eine Flasche/eine halbe Flasche ...
Una botella/Media botella de..., por favor.

Mit Eis, bitte.
Con hielo, por favor.

Guten Appetit!
¡Que aproveche!

Zum Wohl!
¡Salud!

Haben Sie noch einen Wunsch?
¿Desea usted algo más?

Bitte bringen Sie uns ...
Tráiganos..., por favor.

Könnten wir noch etwas Brot/Wasser/Wein bekommen?
¿Puede traernos un poco más de pan/agua/vino?

Beanstandungen

Hier fehlt ein/e ...
Aquí falta un.../una...

Haben Sie mein/e ... vergessen?
¿Se ha olvidado usted de mi...?

Das habe ich nicht bestellt.
Yo no he pedido esto.

Die Rechnung

Geht man mit Freunden gemeinsam ins Restaurant, teilt man sich üblicherweise die Kosten für das gesamte Essen.

Bezahlen, bitte.
¡La cuenta, por favor!

Bitte alles zusammen.
Todo junto, por favor.

Getrennte Rechnungen, bitte.
Cuentas separadas, por favor.

Ist die Bedienung inklusive?
¿Está el servicio incluido?

Die Rechnung scheint mir nicht zu stimmen.
Me parece que hay un error en la cuenta.

Das habe ich nicht gehabt. Ich hatte ...
Esto no me lo ha servido. Yo tenía...

Das Essen war ausgezeichnet.
La comida estaba excelente.

Die Frage, ob es ihnen geschmeckt hat, wird Ihnen im Restaurant nie gestellt - die Küche können Sie natürlich dennoch loben.

Es stimmt so.
Está bien así.

Trinkgeld ist keine Pflicht, wird in Restaurants aber als üblich empfunden. Die Höhe des Trinkgelds ist jedem anheim gestellt. Möchten Sie Trinkgeld geben, legen Sie es einfach auf den Unterteller, auf dem Sie die Rechnung erhalten haben. Nun können Sie das Lokal verlassen, ohne noch einmal auf die Bedienung zu warten.

Cafés und Kneipen

Es ist nicht üblich, sich an bereits besetzte Tische zu setzen, selbst wenn es die einzigen noch freien Plätze im Lokal sind. Das gilt vor allem für Restaurants.

Was möchten Sie trinken?
¿Qué desea tomar?

Ein Bier vom Fass, bitte.
Una cerveza de barril, por favor.

Ein großes oder ein kleines Bier?
¿Una jarra o una caña?

Ein kleines Bier, bitte
Una caña, por favor.

Ein Glas Rotwein, bitte.
Un (vino) tinto, por favor.

Ich möchte einen Espresso/Kaffee/Kaffee mit Milch, bitte.
Quisiera un café solo/un café americano/un café con leche, por favor.

Das Gleiche noch einmal, bitte.
Otro, por favor.

Was haben Sie zu essen?
¿Qué tiene para comer?

Wir haben belegte Brötchen und Tapas.
Tenemos bocadillos y también tapas.

Diese Runde übernehme ich.
Esta ronda la pago yo.

Zum Wohl!/Prost! *(nur bei festlichen Anlässen)*
¡Salud!/¡A tu/su salud!

Wir schließen gleich!
Señores, vamos a cerrar.

tapas	**kleine Häppchen**
sangría	**Sangria (Rotweinbowle)**
moscatel	**Muskatwein**
clara (cerveza con limonada)	**Radler**
chupito	**Schnaps/Likör** *(kleines Glas)*
chocolate con churros	**heiße Schokolade mit Churros**
granizado de limón/café	**Eisgetränk mit Zitronen-/Kaffeegeschmack**
café americano	**Kaffee**
café solo	**Kaffee (Espresso)**
cortado	**Espresso mit wenig Milch**
café con leche	**Milchkaffee**
café con hielo	**Kaffee mit Eiswürfel**
horchata de chufa	**Erdmandelmilch**
helado de turrón	**Mandeleis**
batido	**Mixgetränk**
té	**schwarzer Tee**
infusión	**Kräutertee**

Tagesmenü	el menú del día
Tasse	taza
Teelöffel	cucharilla
Teller	plato
Tischtuch	el mantel
Trinkgeld	propina
trocken *(Wein)*	seco
Untertasse	platillo
vegan	vegano
vegetarisch	vegetariano
Vorspeise	el primer plato, los entremeses
Wasser	(el) agua
Wasserglas	vaso para agua
Weinglas	vaso para vino
würzen	sazonar
Zahnstocher	palillo (de dientes)
Zucker	el azúcar

Zubereitung

durchgebraten	bien asado
frittiert	frito
gar	en su punto, bien hecho
gebacken	al horno
gebraten	asado
am Spieß	en el asador
vom Grill	a la parrilla
in der Pfanne	en la sartén
gedämpft	rehogado, al vapor
gedünstet	al vapor
gefüllt	relleno
gekocht	cocido

geräuchert	ahumado
geröstet	tostado
geschmort	estofado
überbacken	gratinado
mager	magro
roh	crudo
saftig	jugoso
sauer	agrio
scharf	picante
süß	dulce
weich	blando
zäh	duro
zart	tierno

Menú — Speisekarte

Im Allgemeinen frühstückt man in Spanien sehr wenig. Am späteren Vormittag trinkt man einen Kaffee mit Milch oder einen Espresso in einer **bar** oder **cafetería**, dazu gibt es ein süßes Stückchen (*dulce*).

Desayuno	Frühstück
café americano	**schwarzer Kaffee**
café solo	**Espresso**
café con leche	**Kaffee mit Milch**
café descafeinado	**koffeinfreier Kaffee**
té con leche/limón	**Tee mit Milch/Zitrone**
infusión (manzanilla, menta, tila...)	**Kräutertee (Kamillen-, Pfefferminz-, Lindenblüten- ...)**

cacao	**Schokolade**
zumo de fruta	**Fruchtsaft**
huevo pasado por agua	**weich gekochtes Ei**
huevos revueltos	**Rühreier**
huevos con bacon	**Eier mit Speck**
pan/panecillo/tostada	**Brot/Brötchen/Toast**
croissant	**Croissant (Hörnchen)**
mantequilla	**Butter**
queso	**Käse**
embutido	**Wurst**
jamón (serrano/york)	**Schinken (roher/gekochter)**
miel	**Honig**
mermelada	**Marmelade**
cereales	**Müsli**
yogur	**Joghurt**
fruta	**Obst**

Menú turístico

Ensalada	**Salat**
Canelones de berenjenas con gambas	**Mit Auberginen und Krabben gefüllte Canneloni**
Bacalao al ajillo	**Stockfisch mit Knoblauch**
Postre: helado, yogurt o tarta de chocolate	**Nachspeise: Eis, Joghurt oder Schokoladentorte**
Consomé	**Kraftbrühe**
Chuleta de ternera con patatas y guisantes	**Kalbskotelett mit Kartoffeln und Erbsen**

Postre (flan o fruta del tiempo) o café	**Nachspeise (Karamellpudding oder Obst nach Jahreszeit) oder Kaffee**
Gazpacho	**Kalte Suppe aus Tomate, Paprikaschote, Öl, Essig usw.**
Pechuga de pollo o merluza	**Hühnerbrust oder Seehecht**
Fruta del tiempo	**Obst nach Jahreszeit**

Entrantes	Vorspeisen
aceitunas	**Oliven**
alcachofas	**Artischocken**
almejas	**Venusmuscheln**
boquerones	**Sardellen**
buñuelos de bacalao	**Kabeljauklößchen**
cangrejos	**Krebse**
caracoles	**Schnecken**
croquetas	**Kroketten**
chorizo	**Paprikawurst**
embutido	**Wurst**
ensaladilla rusa	**Kartoffelsalat (mit Thunfisch, Ei, Erbsen und Möhren**
fiambre	**Aufschnitt**
gambas	**Garnelen**
gambas al ajillo	**Garnelen in Knoblauchöl**
gambas a la plancha	**geröstete Garnelen**
jamón serrano	**roher Schinken**
jamón (de) york	**gekochter Schinken**
mejillones	**Miesmuscheln**

salchichón	**spanische Salami**
salpicón de marisco	**Meeresfrüchtesalat**
sardinas	**Sardinen**

Sopas — Suppen

caldo	**Bouillon**
consomé	**Kraftbrühe**
crema de espárragos	**Spargelsuppe**
fabada asturiana	**asturischer Bohneneintopf**
gazpacho	**kalte Suppe aus Tomate, Paprikaschote, Öl, Essig usw.**
sopa de ajo	**Knoblauch-Brotsuppe**
sopa de arroz	**Reissuppe**
sopa de fideos	**Nudelsuppe**
sopa de pescado	**Fischsuppe**
sopa de verduras (juliana, jardinera)	**Gemüsesuppe**

Pescados y mariscos — Fisch und Meeresfrüchte

anguila	**Aal**
angulas	**Glasaal**
arenque	**Hering**
atún	**Thunfisch**
bacalao	**Kabeljau, Stockfisch**
besugo	**Seebrasse**
bogavante	**Hummer**

bonito	**Thunfisch**
caballa	**Makrele**
calamares a la romana	**panierte Tintenfischringe**
calamares en su tinta	**Tintenfisch in eigener Sauce**
carpa	**Karpfen**
centollo	**Seespinne**
cigalas	**Kronenhummer**
corvina	**Meerrabe**
dorada	**Goldbarsch**
gambas	**Garnelen**
langosta	**Languste**
langostinos	**Riesengarnelen**
lenguado	**Seezunge**
lubina	**See-, Wolfsbarsch**
merluza	**Seehecht**
paella	**Reisgericht mit Meeresfrüchten** *(s. auch unter „Fleisch")*
parrillada de pescado	**Fisch-Grillplatte**
perca	**Barsch**
pescadilla	**junger Seehecht**
pescado a la marinera	**in Tomatensoße mit Petersilie gedämpfter Fisch**
pez espada	**Schwertfisch**
platija	**Scholle**
pulpo	**Krake**
rape	**Seeteufel**
raya	**Rochen**
rodaballo	**Steinbutt**
salmón	**Lachs**

salmonete	**Meerbarbe**
trucha	**Forelle**
zarzuela de mariscos	**Gericht aus Schaltieren**

Carnes y Aves	Fleisch und Geflügel
asado	**Braten**
bistec	**Beefsteak**
cabrito	**Zicklein**
callos	**Kutteln**
carne picada	**Hackfleisch**
carne de vaca	**Rindfleisch**
cerdo	**Schweinefleisch**
cocido	**Eintopf mit Fleisch, Kichererbsen, Gemüse, Kartoffeln, usw.**
cochinillo	**Spanferkel**
conejo	**Kaninchen**
cordero	**Hammel, Lamm**
cordero lechal	**Lämmchen**
chuleta (*Am* costeleta)	**Kotelett**
empanada	**Pastete**
escalope	**Schnitzel**
estofado	**Schmorbraten**
faisán	**Fasan**
filete	**Filet, Lendenstück**
guisado	**Gulasch, Ragout**
hígado	**Leber**
lengua	**Zunge**

liebre	**Hase**
lomo	**Lende**
paella	**Reisgericht mit Fleisch, Wurst, Gemüse usw.** *(s. auch unter „Fisch")*
parrillada de carne	**Grillplatte**
pato	**Ente**
pavo	**Truthahn, Puter**
perdiz	**Rebhuhn**
pechuga de pollo	**Hühnerbrust**
pichón	**Taube**
pollo	**Hähnchen**
riñones	**Nieren**
rosbif	**Rostbeef**
sesos	**Hirn**
solomillo	**Filet, Lendenstück**
ternera	**Kalb**

Ensalada y Verduras	Salat und Gemüse
acelgas	**Mangold**
alcachofas	**Artischocken**
berenjenas	**Auberginen**
cebollas	**Zwiebeln**
col de Bruselas	**Rosenkohl**
coliflor	**Blumenkohl**
ensalada variada/mixta	**gemischter Salat**
ensalada del tiempo	**Salat der Saison**
escarola	**Endivie(nsalat)**

espárragos	**Spargel**
garbanzos	**Kichererbsen**
guisantes	**Erbsen**
judías blancas (alubias)	**weiße Bohnen**
judías verdes	**grüne Bohnen**
lentejas	**Linsen**
lechuga	**Kopfsalat**
patatas (*Am* papas)	**Kartoffeln**
patatas (*Am* papas) fritas	**Pommes frites**
pepino	**Gurke**
pimiento	**Paprikaschote**
pisto (manchego)	**geschmorte Paprikaschote, Tomate usw. (mit Kürbis)**
setas	**Pilze**
tomate	**Tomate**
zanahorias	**Karotten**

Platos de huevos	Eierspeisen
huevos al plato	**Setzeier (Eier mit Tomatenmark, im Ofen gebacken)**
huevos duros	**hart gekochte Eier**
huevos fritos	**Spiegeleier**
huevos pasados por agua	**weich gekochte Eier**
huevos revueltos	**Rühreier**
tortilla (a la) española/de patatas (*Am* papas)	**Omelett mit Kartoffeln (und Zwiebeln)**
tortilla (a la) francesa	**einfaches Omelett**

Postres, queso y fruta	Nachspeisen, Käse und Obst
albaricoques (*Am* damascos)	**Aprikosen**
arroz con leche	**Milchreis**
cerezas	**Kirschen**
ciruelas	**Pflaumen**
compota	**Kompott**
flan	**Karamellpudding**
fresas (*Am* frutilla)	**Erdbeeren**
higos	**Feigen**
macedonia de frutas	**Obstsalat**
mandarina	**Mandarine**
manzana	**Apfel**
melocotón (*Am* durazno)	**Pfirsich**
melón	**Melone**
naranja	**Apfelsine**
natillas	**Cremespeise**
pera	**Birne**
piña (*Am* ananás)	**Ananas**
plátano (*Am* banana)	**Banane**
pomelo (*Am* toronja)	**Pampelmuse**
queso de cabra	**Ziegenkäse**
queso (de) Gruyère	**Greyerzer Käse**
queso manchego	**„Mancha"-Käse**
queso de oveja	**Schafskäse**
requesón	**Ricotta**
sandía	**Wassermelone**
tarta	**Torte**
uvas	**Weintrauben**

Helados	Eis
blanco y negro	**Kaffee mit Sahneeis**
copa de helado	**Eisbecher**
copa de helado con frutas	**Eisbecher mit Früchten**
helado de chocolate	**Schokoladeneis**
helado de fresa	**Erdbeereis**
helado de limón	**Zitroneneis**
helado de vainilla	**Vanilleeis**
helado variado	**gemischtes Eis**
mantecado	**Sahneeis**
sorbete de limón	**Zitronensorbet**

Dulces	Gebäck
bombón	**Praline**
chocolate	**Schokolade**
churros	**fettgebackene Hefekringel**
crema catalana	**karamellisierter Vanillepudding**
dulces	**Süßigkeiten**
galletas	**Kekse**
nata	**Sahne**
nata batida/montada	**Schlagsahne**
pastas, pasteles	**Gebäck**
pastelillos de crema	**Cremeschnitte**
profiteroles con chocolate	**Windbeutelchen mit Schokoladensoße**
tarta	**Torte**
tarta de crema	**Buttercremetorte**
tarta helada	**Eistorte**

tarta de frutas	**Obstkuchen**
tarta de manzana	**Apfelkuchen**
torta	**Kuchen**
turrón	**typisches spanisches Weihnachtsgebäck**

Turrón wird traditionell aus Mandeln und Honig hergestellt. Heutzutage gibt es viele andere Sorten. Die meisten *turrones* stammen aus der Gegend von Valencia; hier kannte man sie bereits im 13. Jahrhundert.

Bebidas — Getränkekarte

Algunos vinos típicos españoles	Einige typische spanische Weine
Cariñena	**herber Tischwein**
Chacolí	**herber Aperitif**
Jerez dulce/oloroso	**süßer Sherry**
Málaga	**sehr süßer Dessertwein**
Manzanilla	**herber Weißwein**
Montilla	**herber Aperitif**
Moriles	**herber Weißwein**
Moscatel	**Muskateller**
Priorato	**herber Rot- oder Weißwein**
Ribeiro	**herber Rotwein**
Rioja	**herber Rot- und Weißwein**

Sangría	**Rotweinbowle (mit Früchten)**
Valdepeñas	**herber Rot- und Weißwein**

Otras bebidas alcohólicas — Weitere alkoholsche Getränke

aguardiente	**Schnaps**
anís	**Anislikör**
caña de cerveza	**Bier (kleines Glas)**
cerveza de barril	**Bier vom Fass**
coñac	**Kognak**
cuba libre	**Cola mit Rum**
champán, cava	**Sekt**
ginebra	**Gin**
licor	**Likör**
sidra	**Apfelwein**

Sidra ist ein Schaumwein aus Äpfeln mit geringerem Alkoholgehalt (5–7%) und leicht säuerlichem Geschmack. Er wird besonders in Asturien (Nordspanien) getrunken.

Bebidas no alcohólicas — Alkoholfreie Getränke

agua mineral (con gas/ sin gas)	**Mineralwasser (mit/ohne Kohlensäure**
batido	**Milchmixgetränk**
cacao	**Kakao**

(café) americano	**großer schwarzer Kaffee**
café solo	**Espresso**
café con leche	**Milchkaffee**
(café) cortado	**Espresso mit wenig Milch**
(café) descafeinado	**koffeinfreier Kaffee**
gaseosa	**Sprudel mit Geschmack**
horchata	**Erdmandelmilch**
leche	**Milch**
limonada	**Zitronenlimonade**
naranjada	**Orangeade**
soda, (agua de) sifón	**Soda**
té	**(schwarzer) Tee**
(agua) tónica	**Tonicwater**
zumo (*Am* jugo)	**Fruchtsaft**
zumo (*Am* jugo) de limón, limón natural	**Zitronensaft**
zumo (*Am* jugo) de naranja	**Orangensaft**

Besichtigungen und Ausflüge

Touristeninformation

Ich möchte einen Stadtplan von ... haben.
Quisiera un mapa de...

Haben Sie einen Veranstaltungskalender für diese Woche?
¿Tienen un programa de espectáculos para esta semana?

Gibt es Stadtrundfahrten?
¿Hay visitas guiadas por la ciudad?

Was kostet denn die Rundfahrt, bitte?
¿Cuánto cuesta el billete, por favor?

Sehenswürdigkeiten - Museen

Öffnungszeiten, Führungen, Eintrittskarten

Können Sie mir bitte sagen, welche Sehenswürdigkeiten es hier gibt?
¿Sabría decirme cuáles son los lugares de interés?

Sie müssen unbedingt ... besichtigen/besuchen.
Tiene que visitar sin falta...

Wann ist das Museum geöffnet?
¿A qué horas está abierto el museo?

Wann beginnt die Führung?
¿A qué hora comienza la visita guiada?

Gibt es auch eine Führung in Deutsch?
¿Hay visitas guiadas en alemán?

Darf man hier fotografieren?
¿Se pueden tomar fotografías aquí?

Zwei Eintrittskarten, bitte!
Dos entradas, por favor.

Zwei Erwachsene und ein Kind.
Dos adultos y un niño.

Gibt es Ermäßigungen für ...
¿Se hacen descuentos para...

... Kinder?
... niños?

... Studenten?
... estudiantes?

... Senioren?
... jubilados?

... Gruppen?
... grupos?

Gibt es einen Katalog zur Ausstellung?
¿Hay un catálogo de la exposición?

Allgemeines

Besichtigung	visita
Denkmalschutz	la protección de los monumentos
Fremdenführer/in	el/la guía turístico/turística
Führung	visita guiada
Funde	los hallazgos arqueológicos
Fußgängerzone	zona peatonal
Gasse	callejuela
Geburtsstadt	la ciudad de nacimiento
Geschichte	historia
Haus	casa
Kaiser/in	el emperador/la emperatriz

König/in	el rey/la reina
Kunst	el arte
Markt	mercado
Museum	museo
Park	el parque
Pilgerfahrt	la peregrinación
Prinz/Prinzessin	el príncipe/la princesa
rekonstruieren	reconstruir
Religion	la religión
restaurieren	restaurar
Sehenswürdigkeiten	los lugares de interés; *(Denkmäler)* los monumentos
Stadtrundfahrt	vuelta (en autobús) por la ciudad
Stadtteil	barrio
Stadtzentrum	centro
Straße	la calle
Überreste	los restos; *(Ruinen)* las ruinas
Volkskundemuseum	museo etnológico
Vorort	barrio periférico, suburbio
Wahrzeichen	el emblema, símbolo

Ausflüge

Wo fahren wir los?
¿De dónde salimos?

Wann treffen wir uns?
¿Cuándo quedamos?

Kommen wir am/an ... vorbei?
¿Pasamos por...?

Besichtigen wir auch ...?
¿Visitamos también...?

Wann fahren wir zurück?
¿Cuándo regresamos?

Ausflug	la excursión
Aussichtspunkt	el mirador
Bergdorf	pueblo de montaña
Bergspitze	pico, la cumbre
Botanischer Garten	el jardín botánico
Deich	el dique
Fischerhafen	puerto de pescadores
Fischerort	el lugar de pesca
Freilichtmuseum	museo al aire libre
Freizeitpark	el parque de atracciones
Gebirge	cordillera
Grotte	gruta
Hinterland	zona interior, el interior del país
Höhle	cueva
Inselrundfahrt	visita (guiada) de la isla
Klippe	acantilado
Landschaft	el paisaje
Lava	lava
Markt	mercado
Nationalpark	el parque nacional
Naturschutzgebiet	reserva natural/ecológica
Pass	puerto (de montaña)
Rundfahrt	recorrido turístico
Schlucht	desfiladero, barranco
See	*(Binnensee)* lago; *(Meer)* el mar
Sternwarte	observatorio astronómico
Tagesausflug	la excursión de un día
Tal	el valle
Tropfsteinhöhle	cueva de estalactitas y estalagmitas

Umgebung	los alrededores
Vogelschutzgebiet	reserva ornitológica
Vulkan	el volcán
Wald	el bosque
Waldbrand	incendio forestal
Wallfahrtsort	el lugar de peregrinación
Wasserfall	cascada; *(größer)* catarata
Wildpark	reserva de animales
Zoo	el zoo, el parque zoológico

Strand

Ist der Strand sandig/steinig?
¿La playa es de arena/es de piedras?

Gibt es hier Quallen/Seeigel?
¿Hay medusas/erizos de mar?

Ist die Strömung stark?
¿La corriente es fuerte?

Entschuldigen Sie, gibt es hier ein Schwimmbad/Freibad/ Hallenbad?
Disculpe, ¿hay por aquí alguna piscina/piscina al aire libre/ piscina cubierta?

Ich möchte ... mieten.
Quisiera alquilar...

einen Liegestuhl
una tumbona.

einen Sonnenschirm
una sombrilla.

Shoppen und Einkaufen

Spanien ist mittlerweile leider nicht mehr so günstig wie es früher mal war. Dennoch kann man relativ preiswert essen und trinken. Auch Schuhe und Kleidung sind einigermaßen preiswert. Spanische Schuhe zeichnen sich durch ihre gute Qualität und ihr ansprechendes Design aus. In den letzten Jahren sind vor allem Schuhe von den Balearen international bekannt geworden. Viele Lederwaren wie Taschen oder Jacken erhält man zu günstigen Preisen.
Es lohnt sich auch, kleine Handwerksbetriebe aufzusuchen, die Stoffe, Möbel oder dekorative Produkte aus Keramik oder Eisen herstellen.

Fragen

Ich suche ...

Werden Sie schon bedient?
¿Ya le/la atienden?

Danke, ich sehe mich nur um.
Gracias, solo quiero mirar un poco.

Ich möchte ...
Quisiera.../Desearía.../Me gustaría...

Haben Sie ...?
¿Tienen...?

Darf es sonst noch etwas sein?
¿Desea alguna cosa más?

Handeln und kaufen

Das Feilschen ist in Spanien nicht üblich, auch wenn es auf Flohmärkten noch gelegentlich praktiziert wird.

Wie viel kostet es?
¿Cuánto cuesta?

Das ist zu teuer!
¡Es demasiado caro!

Gut, ich nehme es.
Bien, me lo llevo.

Nehmen Sie Kreditkarten?
¿Aceptan ustedes tarjetas de crédito?

Geschäfte

Wo finde ich ...?
Por favor, ¿dónde hay...?

Öffnungszeiten
horario de apertura

abierto **offen**	cerrado **geschlossen**	cerrado por vacaciones **Betriebsferien**

Antiquitätengeschäft	tienda de antigüedades
Apotheke	farmacia
Bäckerei	panadería
Bioladen	tienda macrobiótica

Blumengeschäft	floristería
Boutique	la boutique
Buchhandlung	librería
Drogerie	droguería
Eisenwarengeschäft	ferretería
Elektrohandlung	tienda de artículos eléctricos
Feinkostgeschäft	tienda de delicatessen
Fischgeschäft	pescadería
Flohmarkt	rastro, mercadillo
Fotoartikel	tienda de artículos fotográficos
(Damen-/Herren)Frisör	peluquería (de señoras/de caballeros); *(nur für Männer)* barbería
Juwelier	joyería
Kaufhaus	los grandes almacenes
Kiosk	quiosco
Konditorei	pastelería, confitería
Kunsthändler/in	el/la comerciante de obras de arte
Lebensmittelgeschäft	tienda de comestibles (*Am* el almacén)
Lederwarengeschäft	tienda de artículos de piel/cuero
Markt	mercado
Metzgerei	carnicería
Milchgeschäft	lechería
Musikgeschäft	tienda de música
Obst- und Gemüsehändler	frutería y verdulería
Optiker	óptica
Parfümerie	perfumería
Reformhaus	tienda de productos dietéticos
Reinigung	tintorería, limpieza en seco
Reisebüro	agencia de viajes

Schneider/in	el sastre/la modista
Schreibwarengeschäft	papelería
Schuhgeschäft	zapatería
Schuhmacher/in	zapatero/zapatera
Souvenirladen	tienda de recuerdos/souvenirs
Spielwarengeschäft	juguetería, tienda de juguetes
Spirituosengeschäft	tienda de vinos y licores/licorería
Sportgeschäft	tienda de artículos de deporte
Supermarkt	supermercado
Süßwarengeschäft	tienda de golosinas
Tabakladen	estanco (*Am* cigarrería)
Trödler/in	el vendedor/la vendedora (de mercadillo)
Uhrmacher/in	relojero, relojera
Wäscherei	lavandería
Weinhandlung	el almacén de vinos, la bodega
Zeitungshändler	kiosco de prensa

Haushaltswaren

Abfallbeutel	bolsa de la basura
Alufolie	el papel de aluminio
Brennspiritus	el alcohol (para quemar)
Dosenöffner	el abrelatas
Flaschenöffner	el abridor
Frischhaltefolie	el film transparente
Gabel	el tenedor
Glas	vaso
Grill	parrilla, barbacoa
Grillanzünder	el encendedor
Grillkohle	el carbón para la barbacoa
Kerzen	las velas
Korkenzieher	el sacacorchos
Kühlelement	bolsita de hielo
Kühltasche	la nevera portátil
Löffel	cuchara
Messer	cuchillo
Papierservietten	las servilletas de papel
Plastikbecher	vaso de plástico/*(Tasse)* taza de plástico
Plastikbeutel	bolsa de plástico
Taschenmesser	navaja
Thermosflasche	termo
Wäscheklammern	las pinzas de la/para la ropa
Wäscheleine	cuerda de la ropa

Lebensmittel

Was darf es sein?
¿Qué desea?

Geben Sie mir bitte ...
Déme..., por favor.

ein Kilo ...
un kilo de ...

10 Scheiben ...
diez lonchas de ...

ein Stück von ...
un trozo de ...

eine Packung ...
un paquete de ...

ein Glas ...
un frasco/bote de ...

eine Dose ...
una lata de ...

eine Flasche ...
una botella de ...

eine Einkaufstüte.
una bolsa

Darf es auch etwas mehr sein?
¿Puedo ponerle un poquito más?

Dürfte ich vielleicht etwas hiervon probieren?
¿Me permite probar un poco de esto?

Danke, das ist alles.
Eso es todo, gracias.

Farben

beige	beige, beis
blau	azul
braun	marrón
gelb	amarillo
golden	dorado
grau	gris
grün	verde
lila	lila, malva
orange	naranja
rosa	rosa
rot	rojo
schwarz	negro
silbern	plateado
türkisfarben	turquesa
violett	violeta
weiß	blanco
farbig	de colores, multicolor
einfarbig	de un solo color
hell...	... claro
dunkel...	... oscuro

Für alle Fälle

Gesundheit

In der Apotheke

Könnten Sie mir bitte sagen, wo die nächste Apotheke (mit Nachtdienst) ist?
¿Dónde está la farmacia (de guardia) más cercana, por favor?

Könnten Sie mir bitte etwas gegen ... geben?
¿Me puede dar algo para..., por favor?

Dieses Mittel ist verschreibungspflichtig.
Este medicamento solo con receta médica.

Abführmittel	el laxante
Aspirin	aspirina
Augentropfen	las gotas para los ojos
Beruhigungsmittel	el tranquilizante
Brandsalbe	pomada para quemaduras
Desinfektionsmittel	el desinfectante
Elastikbinde	venda elástica
Fieberthermometer	termómetro
Halstabletten	las pastillas para la garganta
Hustensaft	el jarabe (para la tos)
Insulin	insulina
Kondom	preservativo, el condón
Kopfschmerztabletten	las pastillas para el dolor de cabeza
Kreislaufmittel	medicamento para la circulación de la sangre
Läuse	los piojos
Mittel gegen ~	la loción antipiojos
Medikament	medicina, medicamento
Mittel	medicina, remedio

Mittel gegen Insektenstiche	el insecticida
Mullbinde	gasa
Ohrentropfen	las gotas para los oídos
Pflaster	tirita
Puder	los polvos
Rezept	receta
Salbe	pomada
Schlaftabletten	los somníferos
Schmerztabletten	los analgésicos, los calmantes
Sonnenbrand	quemadura del sol
Sonnenbrandsalbe	crema para las quemaduras del sol
Tablette	pastilla, comprimido
Tropfen	las gotas
Vitamintabletten	pastillas de vitaminas
Watte	el algodón
Zäpfchen	los supositorios

Beipackzettel

composición	**Zusammensetzung**
indicaciones	**Anwendungsgebiete**
contraindicaciones	**Gegenanzeigen**
efectos secundarios	**Nebenwirkungen**
incompatibilidades	**Wechselwirkungen**
dosificación:	**Dosierungsanleitung:**
tomar una vez al día/varias veces al día...	**1 x/mehrmals täglich ... einnehmen**
un comprimido	**1 Tablette**
veinte gotas	**20 Tropfen**

un vaso graduado	**1 Messbecher**
antes de las comidas	**vor dem Essen**
después de las comidas	**nach dem Essen**
en ayunas	**auf nüchternen Magen**
tomar sin masticar y con líquidos	**unzerkaut mit etwas Flüssigkeit einnehmen**
disolver en un poco de agua	**in etwas Wasser auflösen**
dejar deshacerse en la boca	**im Mund zergehen lassen**
aplicar una capa fina sobre la piel y friccionar	**dünn auf die Haut auftragen und einreiben**
lactantes	**Säuglinge**
niños menores de... años	**Kinder (bis zu ... Jahren)**
niños en edad escolar	**Schulkinder**
jóvenes	**Jugendliche**
adultos	**Erwachsene**
Mantener fuera del alcance de los niños.	**Für Kinder unzugänglich aufbewahren!**

Beschwerden

Was für Beschwerden haben Sie?
¿Qué molestias siente?

Ich habe Fieber.
Tengo fiebre.

Mir ist oft schlecht/übel.
Me siento mal/estoy mareado/mareada.

Mir ist oft schwindelig.
Me mareo con frecuencia.

Ich bin ohnmächtig geworden.
Me he desmayado.

Ich bin stark erkältet.
Estoy muy resfriado/resfriada.

Ich habe Kopfschmerzen/Halsschmerzen.
Tengo dolor de cabeza/dolor de garganta.

Ich habe Husten.
Tengo tos.

Ich bin gestochen worden.
Tengo una picadura.

Ich bin gebissen worden.
Tengo una mordedura.

Ich habe mir den Magen verdorben.
Tengo una indigestión.

Ich habe Durchfall.
Tengo colitis/diarrea.

Ich habe Verstopfung.
Tengo estreñimiento.

Ich vertrage das Essen/die Hitze nicht.
La comida/El calor no me sienta bien.

Ich habe mich verletzt.
Me he hecho una herida.

Ich bin gestürzt.
Me he caído.

Können Sie mir bitte etwas gegen ... geben/verschreiben?
¿Podría usted darme/recetarme algo para...?

Normalerweise nehme ich ...
Normalmente tomo...

Ich habe einen hohen/niedrigen Blutdruck.
Tengo la tensión alta/baja.

Ich bin Diabetiker/in.
Soy diabético/diabética.

Ich bin schwanger.
Estoy embarazada.

Ich hatte vor kurzem ...
Hace poco tuve...

Untersuchung

Was kann ich für Sie tun?
¿Qué puedo hacer por usted?

Wo tut es weh?
¿Dónde le duele?

Ich habe hier Schmerzen.
Me duele aquí.

Bitte, machen Sie sich/Ihren Arm frei.
Quítese la ropa/Súbase la mange, por favor.

Bitte tief einatmen. Atem anhalten.
Respire hondo. Contenga la respiración.

Ich brauche eine Blut-/Urinprobe.
Es necesario un análisis de sangre/de orina.

Sie brauchen ein paar Tage Bettruhe.
Debe guardar cama unos días.

Es ist nichts Ernstes.
No es nada grave.

Haben Sie einen Impfschein?
¿Tiene un certificado de vacunación?

Ich bin gegen ... geimpft.
Estoy vacunado/vacunada de/contra...

Beim Zahnarzt

Ich habe (starke) Zahnschmerzen.
Tengo (un) dolor de muelas (muy fuerte).

Dieser Zahn (oben/unten/vorn/hinten) tut weh.
Me duele esta muela (de arriba/abajo/delante/atrás).

Ich habe eine Füllung verloren.
He perdido un empaste.

Mir ist ein Zahn abgebrochen.
Se me ha roto un diente.

Ich behandle ihn nur provisorisch.
Se trata solamente de una cura provisional.

Geben Sie mir bitte eine Spritze.
Póngame una inyección, por favor.

Geben Sie mir bitte keine Spritze.
No me ponga ninguna inyección, por favor.

Backenzahn	muela
Betäubung	anestesia
Brücke	el puente
Kiefer	mandíbula
Krone	corona
Loch	agujero
Plombe	el empaste
Prothese	la prótesis
Schneidezahn	incisivo
Weisheitszahn	muela del juicio

Zahn	el diente
Zahnfleisch	encía
Zahnschmerzen	el dolor de muelas
ziehen	sacar

Bank

In Spanien kann man fast überall bargeldlos bezahlen; die in Deutschland üblichen Kreditkarten (Master, Visa, American Express usw.) werden akzeptiert. An den Automaten der Banken und Sparkassen können Sie mit Ihrer EC-Karte Euro abheben.

Wo ist hier bitte eine Bank/eine Wechselstube?
Por favor, ¿dónde hay por aquí un banco/una oficina de cambio?

Wie ist heute der Wechselkurs?
¿Cómo está hoy el cambio?

Ihre Scheckkarte, bitte.
Su tarjeta de cheques, por favor.

Darf ich bitte ... sehen?
¿Puedo ver...

Ihren Ausweis
su carnet de identidad?

Ihren Pass
su pasaporte?

Würden Sie bitte hier unterschreiben?
¿Quiere firmar aquí, por favor?

auszahlen	pagar
Bank	banco
bar	al contado, en efectivo
Bargeld	dinero efectivo/contante
Bearbeitungsgebühr	las comisiones
Betrag	el importe, suma
Chipkarte	tarjeta con chip
Devisen	las divisas
Euro	euro
Formular	impreso, formulario
Geheimzahl	número secreto, la clave
Geld	dinero
Geldautomat	cajero automático
Geldkarte	tarjeta monedero
Geldschein	el billete (de banco)
Geldwechsel	cambio
Kleingeld	(las) monedas, (dinero) suelto
Konto	cuenta bancaria
Kreditkarte	tarjeta de crédito
Münze	moneda
Quittung	recibo
Reisescheck	el cheque de viaje
Scheck	el cheque
einen Scheck ausstellen	extender/librar un cheque
Scheckkarte	tarjeta de cheques
Schweizer Franken	franco suizo
Überweisung	giro
umtauschen	cambiar
Unterschrift	firma
Währung	moneda
Wechselkurs	tipo de cambio
Zahlung	pago

Internetcafé

Gibt es (kostenloses) WLAN?
¿Hay wifi (gratis)?

Wo gibt es in der Nähe ein Internetcafé?
¿Dónde hay por aquí un cibercafé?

Wie viel kostet eine Stunde?/Viertelstunde?
¿Cuánto cobran por una hora/un cuarto de hora?

Ich möchte eine E-Mail senden.
¿Podría/Puedo enviar un correo electrónico/email?

Kann ich von hier ein Fax versenden?
¿Podría/Puedo enviar un fax?

Kann ich eine Seite ausdrucken?
¿Puedo imprimir una página?

Bei mir klappt die Verbindung nicht.
No consigo conectarme (al servidor).

Ich habe Probleme mit dem Computer.
Tengo problemas con el ordenador (*Am* la computadora).

Geben Sie mir bitte eine Tarifübersicht.
¿Me podría dar un informe de las tarifas?

Haben Sie Guthabenkarten der Mobilfunkgesellschaft...?
¿Venden tarjetas de prepago de...?

Polizei

Wo ist bitte das nächste Polizeirevier?
Por favor, ¿dónde está la comisaría de policía más cercana?

Ich möchte ... anzeigen.
Quisiera denunciar...

einen Diebstahl
un robo.

einen Überfall
un atraco.

Mir ist ... gestohlen worden.
Me han robado...

die Handtasche
el bolso.

die Brieftasche
la cartera.

mein Fotoapparat
la cámara de fotos.

mein Auto/mein Fahrrad
el coche/la bicicleta.

Mein Auto ist aufgebrochen worden.
Me han forzado la puerta del coche.

Aus meinem Auto ist ... gestohlen worden.
Me han robado... del coche.

Ich habe ... verloren.
He perdido...

Mein Sohn/Meine Tochter ist verschwunden.
Ha desaparecido mi hijo/mi hija.

Dieser Mann belästigt mich.
Este hombre me está molestando.

Können Sie mir bitte helfen?
¿Puede usted ayudarme, por favor?

Wann genau ist das passiert?
¿A qué hora exactamente ha sucedido?

Ihren Namen und Ihre Anschrift, bitte.
Por favor, su nombre y dirección.

Wenden Sie sich bitte an das deutsche/österreichische/ Schweizer Konsulat.
Por favor, diríjase al consulado alemán/austríaco/suizo.

anzeigen	denunciar
aufbrechen	forzar, violentar
Autoradio	la radio del coche
belästigen	molestar, importunar
beschlagnahmen	confiscar
Dieb/in	el ladrón/la ladrona
Diebstahl	robo
Gefängnis	la cárcel
Geldbörse	monedero
Gericht	el tribunal
Kfz-Schein	permiso de circulación
Kreditkarte	tarjeta de crédito

Papiere	los documentos/los papeles
Personalausweis	el carnet de identidad
Polizei	policía
Polizeiwagen	el coche de policía
Polizist/in	el/la policía/agente
Rauschgift	las drogas/los estupefacientes
Rechtsanwalt/in	abogado/abogada
Reisepass	el pasaporte
Richter/in	el juez/la jueza
Scheck	el cheque
Scheckkarte	tarjeta de cheques
Schlüssel	la llave
Schmuggel	contrabando
schuldig	culpable
sexuelle Belästigung	acoso sexual
Taschendieb/in	el/la carterista
Überfall	la agresión; el asalto (a un banco)
Untersuchungshaft	la prisión preventiva
Verbrechen	el crimen
Vergewaltigung	la violación
verhaften	arrestar
verlieren	perder
zusammenschlagen	dar una paliza

Post

Wo ist ...
¿Dónde está...

die nächste Post?
la oficina de correos más cercana?

der nächste Briefkasten?
el buzón más cercano?

Was kostet ein Brief/eine Postkarte ...
¿Cuánto cuesta enviar una carta/una postal...

nach Deutschland?
a Alemania?

nach Österreich?
a Austria?

in die Schweiz?
a Suiza?

Drei Briefmarken zu ..., bitte.
Tres sellos (*Am* estampillas) de..., por favor.

Diesen Brief bitte ...
Quisiera enviar esta carta...

per Luftpost.
por correo aéreo.

per Express.
por correo urgente.

Wie lange braucht ein Brief nach Deutschland?
¿Cuánto tarda en llegar una carta a Alemania?

Haben Sie Sondermarken?
¿Tiene sellos de coleccionista?

Absender/in	el/la remitente
Adresse	la dirección
ausfüllen	rellenar
Brief	carta
Briefkasten	el buzón
Briefmarke	sello (*Am* estampilla)
Briefumschlag	el sobre
Eilbrief	carta urgente
Einschreibebrief	carta certificada
Empfänger/in	destinatario/destinataria
Formular	impreso, formulario
frankieren	franquear
Gebühr	tarifa
Gewicht	peso
Leerung	recogida
mit Luftpost	por correo aéreo
nachsenden	reexpedir, remitir
Päckchen	el paquete pequeño
Paket	el paquete
Paketkarte	el impreso de expedición (para paquetes)
Porto	franqueo
Post(amt)	(oficina de) correos
Postanweisung	giro postal
Postkarte	la postal
postlagernd	lista de correos (*Am* cartas detenidas)
Postleitzahl	código postal
Sondermarke	sello de coleccionista
Vordruck	formulario, impreso
Wertangabe	la declaración de valor
Zollerklärung	la declaración de aduana

Toilette und Bad

Wo ist bitte die Toilette?
¿Dónde está el baño, por favor?

Dürfte ich wohl bei Ihnen die Toilette benutzen?
¿Puedo usar el baño?

Würden sie mir bitte den Schlüssel für die Toiletten geben?
¿Me da la llave del baño, por favor?

Damen	señoras
Herren	caballeros, hombres

Wörterbuch Spanisch - Deutsch

A

a an, nach, um, zu
a causa de wegen
a corto plazo kurzfristig
a diario täglich
a esta hora um diese Zeit
a la derecha rechts
a la izquierda links
a la parrilla vom Grill
a lo más höchstens
a mediodía mittags
a menudo häufig, oft
a mí mir, mich
a nosotros uns
a partir de seit
a pesar de trotzdem
a ti dir, dich
a tiempo rechtzeitig
a través de quer durch
a veces gelegentlich, manchmal
a vosotros euch
abadía Abtei
abajo unten
abandonar verlassen
el abdomen Unterleib
abeja Biene
abierto auf, offen, geöffnet
abogado/-a Rechtsanwalt/anwältin
abono diario Tageskarte
abono semanal Wochenpass, Wochenkarte
aborto *(no provocado)* Fehlgeburt
el abrelatas Dosenöffner
abreviatura Abkürzung
el abridor Flaschenöffner
abrigo Mantel
(el) abril April
abrir öffnen
absceso Abszess
absolutamente unbedingt
abuela Großmutter
abuelo Großvater

aburrido langweilig
acabar aufhören
acampar zelten
la accesibilidad Zugänglichkeit
el accidente Unfall, Unglück
el aceite Öl
el aceite de oliva Olivenöl
el aceite solar Sonnenöl
las aceitunas Oliven
el acelerador manual Handgas *(Auto)*
aceptar zusagen *(Einladung)*
aclimatarse s. akklimatisieren
el/la acompañante Begleitperson
acompañar begleiten
acordar vereinbaren
acordarse de s. erinnern an
acoso sexual sexuelle Belästigung
acostarse zu Bett gehen
acto Akt
el actor/la actriz de cine Filmschauspieler/in
actor/actriz Schauspieler/in
acuarela Aquarell
el adaptador Adapter
adecuado richtig, geeignet
adecuado para minusválidos behindertengerecht
adelantar überholen
adelante vorwärts
¡adelante! herein!
además außerdem
adicional zusätzlich
la administración Verwaltung
aduana Zoll
adulto/-a Erwachsene(r)
advertir bemerken
el aerobic Aerobic
el aerodeslizador Luftkissenboot
aeromozo/-a *(Am)* Steward/ess
aeropuerto Flughafen
el afiche *(Am)* Plakat
afirmar behaupten
afuera draußen
las afueras Vorort
agarrar *(Am)* fangen
agencia Agentur
agencia de viajes Reisebüro
el/la agente (de policía) Polizist/in
agosto August
agotado erschöpft

agradable angenehm, gemütlich
agradar gefallen
agradecer danken
la agresión Überfall
agrio sauer
(el) agua Wasser
(el) agua caliente warmes Wasser
(el) agua del radiador Kühlwasser
(el) agua fría kaltes Wasser
(el) agua mineral Mineralwasser
(el) agua potable Trinkwasser
el aguacate Avocado
el aguafuerte Radierung
aguja Nadel
agujero Loch
ahora jetzt
ahorita *(Am)* gleich
ahumado geräuchert
el aire Luft
ajo Knoblauch
al año jährlich
al contado bar
al contrario im Gegenteil, umgekehrt
al este de östlich von
al lado de neben
al máximo höchstens
al mediodía mittags
al mes monatlich
al mismo tiempo gleichzeitig
al norte de nördlich von
al oeste de westlich von
al revés umgekehrt
al sur de südlich von
al vapor gedämpft, gedünstet
(el) ala Flügel
(el) ala delta Drachenfliegen
el alambre Draht
alargar verlängern
albahaca Basilikum
los albaricoques Aprikosen
el albergue de carretera Raststätte
el albornoz Bademantel
las alcachofas Artischocken
el alcohol Alkohol
el alcohol (para quemar) Brennspiritus
aldea Dorf
alegrarse (de) s. freuen (über/auf)
alegre lustig
alegrón *(Am)* leicht betrunken
alemán deutsch

el alemán/la alemana der/die Deutsche
Alemania Deutschland
alergia Allergie
las aletas (de natación) Schwimmflossen
alfarería Töpferei
algo etwas
el algodón Baumwolle, Watte
alguien jemand
algunas veces manchmal
algunos einige, ein paar
aliño Dressing
allá, ahí dort, da
allí da, dort
el almacén *(Am)* Lebensmittelgeschäft
el almacén de vinos Weinhandlung
las almendras Mandeln
almohada Kopfkissen
almuerzo Mittagessen
alojamiento Unterkunft
alquilar mieten, vermieten
el alquiler Miete
alrededor de um, herum
los alrededores Umgebung
la alta tensión Hochspannung
el altar Altar
el altavoz Lautsprecher
alto groß *(Statur)*, hoch, laut
¡alto! halt!
el altoparlante *(Am)* Lautsprecher
altura Höhe
las alverjas *(Am)* Erbsen
el alzacoches Wagenheber
amable nett, freundlich, liebenswürdig
amar lieben
amargo bitter
amarillo gelb
ambos beide
ambulancia Krankenwagen
anfiteatro Amphitheater
las amígdalas *(med)* Mandeln
la amigdalitis Mandelentzündung
amigo/-a Freund/in
amiguito/-a Spielkamerad/in
las amistades Bekanntschaft *(Freundeskreis)*
el amor Liebe
ampolla Hautblase
añadir hinzufügen
los analgésicos Schmerztabletten
el ananás *(Am)* Ananas

ancho breit, Breite, weit
ancho de la puerta Türbreite
Andalucía Andalusien
andaluz andalusisch
el andaluz/la andaluza Andalusier/in
andar gehen
andar en bicicleta *(Am)* Rad fahren
el andén Bahnsteig, Gleis
anestesia Narkose
el anfitrión/la anfitriona Gastgeber/in
angina Angina
las anginas Mandelentzündung
anguila Aal
anillo Ring
el animal Tier
los animales domésticos Haustiere
año Jahr
Año Nuevo Neujahr
el año que viene nächstes Jahr
el anorak Anorak
anotar aufschreiben
anteayer vorgestern
antes früher, eher, vorher
antes de (be)vor
antibiótico Antibiotikum
el anticongelante Frostschutzmittel
antiguo alt, antik
anual jährlich
anualmente jährlich
anular stornieren
anunciar anmelden
aparato Apparat
aparato de aire acondicionado Klimaanlage
aparcamiento Parkplatz
aparcamiento para minusválidos Behindertenparkplatz
aparcar parken
apartamento Apartment
apartamento turístico Ferienwohnung
aparte extra
aparte de eso außerdem
apellido Familienname
apenas kaum
la apendicitis Blinddarmentzündung
apetito Appetit
apimpado *(Am)* betrunken
apio Sellerie
aplauso Beifall
apoplejía Gehirnschlag

apósito Pflaster
aprender lernen
aprender idiomas Sprachen lernen
aproximadamente etwa, ungefähr
aproximado ungefähr
apuntar aufschreiben
apurarse *(Am)* s. beeilen
aquel, aquello/-a jene(r, -s)
aquí hier
el árbol Baum
arco Bogen
el ardor de estómago Sodbrennen
(el) área de penalty Strafraum
(el) área de reposo Rastplatz
el arenque Hering
los aretes *(Am)* Ohrringe
Argentina Argentinien
argentino argentinisch
argentino/-a Argentinier/in
armario Schrank
arqueología Archäologie
arquitecto/-a Architekt/in
arquitectura Architektur
arreglar reparieren
arrestar verhaften
arriba oben
el arroz Reis
(el) arte Kunst
las artes industriales Kunstgewerbe
las artes plásticas Plastik
la articulación Gelenk
los artículos de papelería Schreibwaren
los artículos de piel Lederwaren
asado gebraten
asalto *(a un banco)* Überfall
el ascensor Aufzug, Fahrstuhl
asidero Haltegriff
asiento Sitz, Sitzplatz
asiento junto a la ventanilla Fensterplatz
asistencia técnica en carretera Pannendienst
(el) asma Asthma
asno Esel
la asociación Verein
la asociación de minusválidos Behindertenverband
asombrarse (de) s. wundern (über)
aspirina Aspirin®
asustar erschrecken
atajo Abkürzung

el ataque cardíaco Herzanfall
el ataque de apoplejía Schlaganfall
atasco Stau
la atención Achtung
¡atención! Vorsicht!
el aterrizaje Landung
Atlántico Atlantik
atletismo Leichtathletik
atracar en anlegen in
hacia atrás zurück
el atún Thunfisch
aún noch
aunque obwohl
los auriculares Kopfhörer
ausente fort, weg
Austria Österreich
austríaco/-a Österreicher/in
auténtico wirklich, echt
el auto(móvil) Auto
el autobús Bus
el autobús (urbano) Stadtbus
el autobús del aeropuerto Flughafenbus
el autobús interurbano Überlandbus
el autobús/microbús del/al aeropuerto Transferbus
autocaravana Wohnmobil
automático automatisch
autopista Autobahn
la autoridad pública Behörde
autoservicio Selbstbedienung
el autotrén Autoreisezug
autovía Schnellstraße
el/la auxiliar de vuelo Steward/ess
avería Defekt, Panne
el avión Flugzeug
el avisador de incendios Feuermelder
avisar anmelden, benachrichtigen
aviso Nachricht
aviso previo Voranmeldung
avispa Wespe
ayer gestern
ayuda Hilfe
ayuda en carretera Pannenhilfe
ayuda para subir Einstiegshilfe
ayudar a alg jdm helfen
ayuno Fasten
ayuntamiento Rathaus
azafato/-a Steward/ess
el azafrán Safran
el azúcar Zucker

azul blau
azul claro hellblau
azul oscuro dunkelblau

B

el bádminton Badminton
bahía Bucht
bailar tanzen
el bailarín/la bailarina Tänzer/in
el baile Ball *(Fest)*
el baipás Bypass
bajar aussteigen
bajo flach, klein, leise, nieder, niedrig, unter
los bajos *(Am)* Erdgeschoss
el balcón Balkon
el ballet Ballett
baloncesto Basketball
balonmano Handball
el bañador Badeanzug; Badehose
banco Bank, Sitzbank
banda Band
bañera Badewanne
bañero/-a Bademeister/in
baño Badewanne, Toilette
el bar Bar, Kneipe
barandilla Handlauf
barato billig
barba Bart
barbacoa Grill
barca de remos Ruderboot
barra/barrita de chocolate Schokoriegel
barranco Schlucht
barrio Stadtteil
barro cocido Terrakotta
barroco Barock/barock
bastante genug, ziemlich
el bastón Stock
el bastón para ciegos Taststock
bastoncillo de algodón Wattestäbchen
los bastones de esquí Skistöcke
basura Abfall, Müll
batería Batterie
el bebé Baby
beber trinken
bebida Getränk
bebido leicht betrunken
beige beige
beis beige
Bélgica Belgien
bello schön

las berenjenas Auberginen
berza Kohl
besar küssen
beso Kuss
el betún Schuhcreme
el biberón Saugflasche, Trinkflasche
bicicleta Fahrrad
bicicleta de carreras Rennrad
bicicleta de montaña Mountainbike
el bidón Wasserkanister
el bidón de gasolina Benzinkanister
bien gut
bien asado durchgebraten
¡bienvenido! willkommen!
el bigote Schnurrbart
el billete Fahrkarte, Fahrschein
el billete (de banco) Geldschein
el billete de ida y vuelta Rückfahrkarte
el billete infantil Kinderfahrkarte
el billete multiviaje Mehrfahrtenkarte
el billete semanal Wochenkarte
el billete válido para un solo día Tageskarte
el biquini Bikini
bisutería Modeschmuck
bizantino byzantinisch
blanco weiß
blando weich
el blazer Blazer
el blues Blues
blusa Bluse
bobo dumm
boca Mund
bocadillo belegtes Brötchen
bocado Imbiss
bochorno schwül
bocina Hupe
boda Hochzeit
bodega Weinhandlung
el bodegón Stillleben
el body Body
bohío *(Am)* Hütte
boletería *(Am)* Fahrkartenschalter
el boletín meteorológico Wetterbericht
boleto *(Am)* Eintrittskarte, Fahrkarte, Fahrschein

boleto infantil *(Am)* Kinderfahrkarte
boleto multiviaje *(Am)* Mehrfahrtenkarte
boleto válido para un día *(Am)* Tagespass
bolígrafo Kugelschreiber
los bolos Kegeln
bolsa Tüte
bolsa (de mano) Handtasche
bolsa de basura Abfallbeutel
bolsa de plástico Plastikbeutel
bolsa de viaje Reisetasche
bolsa en bandolera Umhängetasche
bolsillo Tasche
bolsita de hielo Kühlelement
bolsita de té Teebeutel
bolso Handtasche
bomba de aire Luftpumpe
bomba de gasolina Benzinpumpe
los bomberos Feuerwehr
bombilla Glühbirne
bombona de gas Gasflasche
bonito Thunfisch, hübsch
bordado Stickerei
borracho betrunken
el bosque Wald
las botas Stiefel
las botas de goma Gummistiefel
las botas de esquí Skistiefel
el bote Glas
el bote neumático Schlauchboot
el bote salvavidas Rettungsboot
botella Flasche
botella de oxígeno Sauerstoffgerät
la boutique Boutique
bóveda Gewölbe
braga Damenunterhose, Slip
el braille Braille
el brasier *(Am)* Büstenhalter
el brazalete Armband
breve kurz
brocha de afeitar Rasierpinsel
el broche Brosche
broma Spaß, Scherz, Witz
el bronce Bronze
los bronquios Bronchien
la bronquitis Bronchitis
brújula Kompass
bucear tauchen
buen gut

bueno gut, *(Essen)* lecker, *(Kind)* lieb
el bufé de ensaladas Salatbüfett
el bufé libre (para desayunar) Frühstücksbüfett
bujía Zündkerze
el bungalow Bungalow
burlarse de algo o alguien sich über etw oder jdn lustig machen
burro Esel
buscar suchen
el buzón Briefkasten

C

caballa Makrele
caballeros Herren
caballo Pferd
cabaña Hütte
el cabaré Kabarett
el cabaré artístico Kleinkunstbühne
cabaretista Kabarettist/in
cabeza Kopf
cabina Kabine
cabina para personas con sillas de ruedas Rollstuhlkabine *(Schiff)*
cabina telefónica Telefonzelle
el cable de remolque Abschleppseil
cada jeder
cada día jeden Tag
cada hora stündlich
cada semana wöchentlich
cadena Kette
cadera Hüfte
caer fallen, stürzen, fallen
el café Kaffee
el café americano (großer) schwarzer Kaffee
cafetera Kaffeemaschine
caja Dose, Kasse, Kiste
caja de cambio Getriebe
caja de caudales Safe
caja de enchufe Steckdose
caja fuerte Safe
cajero automático Geldautomat
el cajón de arena Sandkasten
calabaza Kürbis
los calamares Tintenfisch
el calambre Krampf
los calcetines Socken

calculadora de bolsillo Taschenrechner
calcular berechnen
cálculo renal Nierenstein
la calefacción Heizung
la calefacción central Zentralheizung
la calidad Qualität
el calienta-biberones Fläschchenwärmer
caliente warm
la calle Straße
la calle principal Hauptstraße
callejuela Gasse
calma Ruhe
calma chicha Flaute
los calmantes Schmerztabletten
calmarse s. beruhigen
el calor Hitze
caluroso heiß *(Wetter)*
el calzoncillo, los calzoncillos Herrenunterhose
cama Bett
cámara Fotoapparat
cámara de vídeo Videokamera
cámara fotográfica Fotoapparat
cámara digital Digitalkamera
cámara instantánea Sofortbildkamera
cámara sumergible Unterwasserkamera
camarero Ober
camarero/camarera Kellner/in
camarero/camarera de habitación Zimmerkellner(in)
los camarones Garnelen
el cambiador Wickeltisch
cambiar austauschen, umtauschen
cambiar el vuelo den Flug umbuchen
cambiarse de ropa s. umziehen
cambio Geldwechsel, Wechsel, Wechselgeld
cambio automático Automatik(getriebe)
cambio de aceite Ölwechsel
la camcórder Camcorder
camino Weg
el camión Lastwagen
camisa Hemd
camiseta T-Shirt, Unterhemd
campanario Kirchturm

el camping Camping, Campingplatz
campo Feld
campo de deportes Sportplatz
campo de fútbol Fußballplatz
campos de aplicación Anwendungsgebiete
caña de pescar Angel
el canal Kanal
cancelar Zimmer stornieren
el cáncer Krebs
cancha de fútbol *(Am)* Fußballplatz
la canción Lied
la/el canguro Babysitter/in
canilla *(Am)* Wasserhahn
caño de escape *(Am)* Auspuff
canoa Kanu
cansado müde
el/la cantante Sänger/in
cantar singen
capilla Kapelle
la capital Hauptstadt
el capitán/la capitana Kapitän/in
el capó Motorhaube
capota Motorhaube
cara Gesicht
los caramelos Bonbons
caravana Wohnwagen
el carbón para la barbacoa Grillkohle
la cárcel Gefängnis
el cargador (para pilas) Ladegerät
cariño Liebling
cariñoso zärtlich
el carnaval Karneval
la carne Fleisch
la carne de carnero Hammelfleisch
la carne de cerdo Schweinefleisch
la carne de cordero Lammfleisch
la carne de ternera Kalbfleisch
la carne de vaca Rindfleisch
la carne picada Hackfleisch
el carnet de campista Campingausweis
el carnet de minusválido Behindertenausweis
el carnet de conducir Führerschein
el carnet naútico Bootsführerschein
el carnet/documento de identidad Personalausweis

carnicería Metzgerei
caro teuer
carpa *(Am)* Zelt
carretera Landstraße
la carretera secundaria Nebenstraße
carro portaequipajes Gepäckwagen
carta Brief, Speisekarte
carta certificada Einschreibebrief
carta urgente Eilbrief
carta verde (del seguro) grüne Versicherungskarte
las cartas detenidas *(Am)* postlagernd
el cartel Plakat
cartera Brieftasche, Handtasche
el/la carterista Taschendieb/in
cartilla de vacunación Impfpass
cartucho de gas Gaskartusche
casa Haus
casa club Clubhaus
casa de vacaciones Ferienhaus
casa rodante *(Am)* Wohnwagen
casado verheiratet
casarse heiraten
cascada Wasserfall
casco Sturzhelm
casco antiguo Altstadt
casco de bicicleta Fahrradhelm
casero hausgemacht
la/el casete Kassette
casi fast
casino Spielkasino
caspa Schuppen
el casquete de parapente Gleitschirm
castellano kastilisch, spanisch
castellano/-a Kastilier/in
castigo Strafe
Castilla Kastilien
castillo Burg, Schloss
castillo de arena Sandburg
casual zufällig
catalán Katalanisch
el catalán/la catalana Katalane, Katalanin
Cataluña Katalonien
catarata Wasserfall
la catedral Dom, Kathedrale
la caución Kaution
causa Grund
causar verursachen

el cava Champagner
el CD CD
las cebollas Zwiebeln
cédula personal *(Am)* Personalausweis
célebre berühmt
celular *(Am)* Handy
cementerio Friedhof
cena Abendessen
cenicero Aschenbecher
centímetro Zentimeter
central zentral
centro Mitte, Stadtzentrum, Zentrum
cepillo Bürste
cepillo de dientes Zahnbürste
cepillo del calzado Schuhbürste
cepillo para fregar Spülbürste
cerámica Keramik
cerca nah
cerca de bei, nahe bei
cercano nahe
los cereales Müsli
cerebro Gehirn
las cerezas Kirschen
cerilla Streichholz
cerrado geschlossen, zu
cerradura (Tür)Schloss
cerrar con llave abschließen, verschließen
certificado Attest, Bescheinigung
el certificado de vacunación Impfpass
certificar bescheinigen
cerveza Bier
cerveza sin alcohol alkoholfreies Bier
el césped Rasen
el césped para tomar el sol Liegewiese
cesto Korb
el chal Schal
chaleco Weste
chaleco salvavidas Schwimmweste
el champán Champagner
el champú Shampoo
las chanclas Badeschuhe
las chancletas Badeschuhe
chaqueta Jacke
chaqueta de cuero Lederjacke
chaqueta de punto Strickjacke
charlar s. unterhalten
las chauchas *(Am)* grüne Bohnen
el cheque de viaje Reisescheck

chica Mädchen
el chicle Kaugummi
chico Junge
los chipirones kleine Tintenfische
el chiste Spaß, Witz
el chocolate Schokolade
el choque Zusammenstoß
chubasco Regenschauer
el chupete Sauger, Schnuller
ciática Ischias
la cicatriz Narbe
ciclismo Radsport
ciego blind
ciego/-a Blinde/r
cielo Himmel
ciertamente sicher
cierto sicher
cigarrería *(Am)* Tabakladen
cigarrillo Zigarette
cigarro Zigarre
el cine Kino
el cine al aire libre Freilichtkino
el cinturón Gürtel
el cinturón de seguridad Sicherheitsgurt
circo Zirkus
la circunvalación Umgehungsstraße
las ciruelas Pflaumen
cirujano/-a Chirurg/in
cisterna Wasserspülung
cita Verabredung
la ciudad Stadt
la ciudad vieja Altstadt
ciudadano/-a de la Unión Europea EU-Bürger/in
ciudadela Festung
claro deutlich, klar
la clase Unterrichtsstunde, Klasse, Sorte
clásico del cine Klassiker
clasicismo Klassizismus
claustro Kreuzgang
la clave Geheimzahl
clavícula Schlüsselbein
clavija de enchufe Stecker
clavo Nelken
el claxon Hupe
el/la cliente Kunde/Kundin
el clima Klima
clínica Krankenhaus
el club de golf Golfclub
el club nocturno Nachtklub
cocer kochen
el coche Auto

el coche de alquiler Leihwagen, Mietwagen
el coche de línea Überlandbus
el coche de policía Polizeiwagen
el coche litera Liegewagen
el coche restaurante Speisewagen
el coche-cama Schlafwagen
el coche-grúa Abschleppwagen
cocido gekocht
cocina Herd, Küche
cocina de gas Gasherd
cocina eléctrica Elektroherd
cocinar kochen
cocinero/-a Koch/Köchin
coco Kokosnuss
código de puerta Türcode
código postal Postleitzahl
coger fangen
la col Kohl
colcha Bettdecke
el colchón Matratze
el colchón de aire Luftmatratze
coleccionar sammeln
el/la colega Kollege/Kollegin
el cólera Cholera
el colgante Anhänger
cólico Kolik
la coliflor Blumenkohl
colina Hügel
el collar Kette
colocar legen
columna Säule
columna vertebral Wirbelsäule
comedia Komödie
comedia musical Musical
comedia popular Volksstück
el comedor Speisesaal
comenzar anfangen
comer essen
el/la comerciante de obras de arte Kunsthändler(in)
comestible essbar
comida Essen, Mahlzeit, Mittagessen
comida a la sartén Pfannengericht
comida para bebés Kindernahrung
comida principal Hauptspeise
comino Kümmel
las comisiones Bearbeitungsgebühr
como da *(Grund)*, wie *(Vergleich)*

cómo wie *(Frage)*
como de costumbre wie gewöhnlich
¡cómo no! *(Am)* natürlich
¿cómo no? *(Am)* doch
cómodo bequem, gemütlich
compañía aérea Fluggesellschaft
compartimiento *(Am)* Abteil
compartimiento de fumadores *(Am)* Raucherabteil
compartimiento de no fumadores *(Am)* Nichtraucherabteil
el/la compatriota Landsmann/Landsmännin
competente zuständig
la competición Wettkampf
completamente ganz
completo ganz, vollständig, vollbesetzt, voll, ganz
el compositor/la compositora Komponist/in
comprar einkaufen
las compresas Damenbinden
comprimido Tablette
común gemeinsam
la comunicación Mitteilung, *(tele)* Verbindung
con mit
con gusto gern
conmigo mit mir
con mucho gusto angenehm
con sordera hörgeschädigt
con vosotros/-as mit euch
concha Muschel
concierto Konzert
concierto sinfónico Sinfoniekonzert
condimento Gewürz
el condón Kondom
conducir Auto fahren, fahren, lenken
el conductor/la conductora Fahrer/in
conejo Kaninchen
la conexión Anschluss
confianza Vertrauen
confirmar bestätigen
confiscar beschlagnahmen
confitería Konditorei, Süßwarengeschäft
confundir verwechseln
conjunto Band
la conmoción cerebral Gehirnerschütterung
el/la connacional *(Am)* Landsmann/Landsmännin

conocer kennen
conocer a alg jdn kennen lernen
conocido bekannt
el conocido/la conocida der/ die Bekannte
conocimiento (de) Bekanntschaft (mit)
conseguir erreichen
conservar aufbewahren, behalten
las conservas Konserven
consigna (de equipajes) Gepäckaufbewahrung
consigna automática Schließfach
constar de bestehen aus
consulado Konsulat
consulta Sprechstunde
consumo de agua Wasserverbrauch
contacto Kontakt, Verbindung
contagioso ansteckend
contar berechnen, erzählen
contar con erwarten, rechnen mit
contenido Inhalt
contento froh, zufrieden
contento de erfreut über
el contestador automático Anrufbeantworter
contestar antworten, beantworten
contigo mit dir
contra gegen
contrabando Schmuggel
contrario entgegengesetzt, umgekehrt
lo contrario das Gegenteil
contrato Vertrag
el control de pasaporte Passkontrolle
el control de radar Radarkontrolle
el control de seguridad Sicherheitskontrolle
controlar kontrollieren
la contusión Prellung
convenir vereinbaren
convento Kloster
la conversación Gespräch, Unterhaltung
copia Kopie
los copos de avena Haferflocken
el corazón Herz
corbata Krawatte
cordial herzlich

cordillera Gebirge
el cordón Bindfaden
el cordón/el cable de empalme Verlängerungsschnur
los cordones Schnürsenkel
coro Chor
corona Krone
el Corpus (Christi) Fronleichnam
correcto fair
Correos Post
correr joggen, laufen, rennen
la corriente *(el)* Strom
corrompido verdorben *(sittlich)*
el corte Schnittwunde
cortés höflich
corto kurz
cortocircuito Kurzschluss
el cortometraje Kurzfilm
cosa Ding, Sache
coser nähen
costa Küste
costar kosten
costilla Kotelett
creativo kreativ
creer glauben
crema Creme
crema hidratante para las manos Handcreme
crema para el sol Sonnencreme
crema solar Sonnencreme
el crimen Verbrechen
el cristal (de roca) Kristall
cristianismo Christentum
el cruce Kreuzung
crucero Kreuzfahrt
crudo roh
la cruz Kreuz
cuaderno Block
cuaderno de colorear Malbuch
cuadro Bild *(Gemälde)*
¿cuál? welche(r, s)?
cuando als, wenn *(zeitlich)*
cuarto Raum
cuarto de baño Badezimmer
cuarto de estar Wohnzimmer
cubierta Deck
cubierto Gedeck
los cubiertos Besteck
cubo de (la) basura Mülltonne
cuchara Löffel
cucharilla Teelöffel
cuchilla de afeitar Rasierklinge
cuchillo Messer

cuello Hals
cuenta Rechnung
cuenta bancaria Konto
el cuentakilómetros Kilometerzähler
cuerda Seil
cuerda de la ropa Wäscheleine
cuerda de tienda de campaña Zeltschnur
cuerpo Körper
cueva Höhle
cuidado Achtung
¡cuidado! Vorsicht!
cuidadoso vorsichtig
culpa Schuld
cultura Kultur
culturismo Bodybuilding
la cumbre Gipfel
el cumpleaños Geburtstag
cumplir halten
cuna Kinderbett
cuñada Schwägerin
cuñado Schwager
cúpula Kuppel
el cura Priester
curioso neugierig
el curling Curling
cursi kitschig
curso Kurs
curso de esquí Skikurs
curso de natación Schwimmkurs
curva Kurve

D

daño Schaden
dar geben
dar la vuelta umkehren
dar las gracias danken
dar reflejos tönen
darse cuenta bemerken
darse prisa s. beeilen
decir heißen
los dátiles Datteln
dato Angabe
los datos personales Personalien
de ab, aus *(Herkunft, Material)*, von
de antemano im Voraus
de buena gana gern
de colores bunt, farbig
de nuevo wieder
de otra manera/forma anders
de paso auf der Durchreise
de prisa eilig
de repente plötzlich

de un solo color einfarbig
de verdad, de veras wirklich
de vez en cuando von Zeit zu Zeit
de viaje unterwegs, auf Reisen
debajo de unter, unterhalb
deber sollen
débil schwach
decidir entscheiden
decidirse beschließen
decir sagen
la declaración de aduana Zollerklärung
la declaración de valor Wertangabe
dedo Finger
dedo del pie Zehe
defecto Defekt, Fehler *(den man hat)*
definitivamente endgültig
definitivo endgültig
dejar verlassen
dejar pasar verpassen *(Gelegenheit)*
del todo ganz
delante vorn
delante de vor *(räumlich)*
deletrear buchstabieren
delgado dünn, fein, schlank
demasiado zu sehr, zu viel
dentro drin, drinnen
dentro de una semana in einer Woche
denunciar anzeigen
departamento Abteil
departamento *(Am)* Apartment, Wohnung
departamento de fumadores Raucherabteil
departamento de no fumadores Nichtraucherabteil
el deporte Sport
el/la deportista Sportler/in
la deposición Stuhlgang
depositar hinterlegen
depósito Tank, Anzahlung
derecho geradeaus
derecho/-a rechte(r, -s)
los derechos de aduana Zollgebühren
los derechos de aeropuerto Flughafengebühr
desagradable unangenehm
desarrollar entwickeln
desayunar frühstücken
desayuno Frühstück

descansar s. ausruhen, s. erholen
descanso Pause, Ruhe
descarado unverschämt
descolgar abnehmen
desconocido fremd, unbekannt
describir beschreiben
descubrir entdecken
descuento Ermäßigung, Rabatt
descuento para niños Kinderermäßigung
desde ab, seit *(Zeitpunkt)*
desde hace seit *(Zeitraum)*
desear mögen, wünschen
desembocadura Mündung
desempleado arbeitslos
desfiladero Schlucht
desgracia Unglück
desgraciadamente leider
desilusionado enttäuscht
el desinfectante Desinfektionsmittel
desinfectar desinfizieren
desmayado bewusstlos
desmayo Ohnmacht
desnudo Akt, Aktzeichnen, nackt
el desodorante Deo(dorant)
despacho Amt, Büro
despacio langsam
despedirse s. verabschieden
el despegue Abflug
el despertador Wecker
despertar wecken
despertarse aufwachen
despierto wach
después danach
después de nach *(zeitlich)*
destinatario/-a Empfänger/in
desvanecido bewusstlos
desvío Umleitung
detener (an)halten
detenerse s. aufhalten, stehen bleiben
el detergente Waschmittel
deteriorar beschädigen
determinado bestimmt
detrás hinten
detrás de hinter
deuda Schuld *(Geld)*
devolver zurückbringen, zurückgeben
el día Tag
el día de llegada Anreisetag
el día laborable Werktag
la diabetes Diabetes

diabético/-a Diabetiker/in
el diagnóstico Diagnose
diarrea Durchfall
los días laborables wochentags
dibujar zeichnen
dibujo Zeichnung
dichoso glücklich
(el) diciembre Dezember
el diente Zahn
dieta Schonkost, Diät
diferente anders
difícil schwer, schwierig
las dificultades de respiración Atembeschwerden
difteria Diphtherie
la digestión Verdauung
la dínamo Lichtmaschine
dinastía Dynastie
dinero Geld
dinero efectivo/contante Bargeld
dinero suelto Kleingeld
el Dios Gott
el dique Deich
la dirección Adresse, Direktion, Regie, Richtung
la dirección del viento Windrichtung
directamente direkt
directo direkt
el director/la directora Leiter/in
el director/la directora (de orquesta) Dirigent/in
la discapacidad Körperbehinderung
discoteca Disko
disculparse s. entschuldigen
disfrutar de genießen
dislocado verstaucht
el disparador Auslöser
el disparador automático Selbstauslöser
dispensario Sozialstation
dispositivo de alarma Alarmanlage
distancia Entfernung
la distensión Zerrung
distinguido vornehm
distinto anders
el distribuidor automático Warenautomat
la diversión Spaß, Vergnügen, Unterhaltung
divertido lustig, erheiternd
divertirse s. amüsieren
las divisas Devisen

doble doppelt
el doble Doppel
el documental Dokumentarfilm
los documentos Papiere
doler schmerzen, wehtun
el dolor de cabeza Kopfschmerzen
el dolor de estómago Magenschmerzen
el dolor de garganta Halsschmerzen
el dolor de muelas Zahnschmerzen
los dolores de espalda Rückenschmerzen
domicilio Wohnort
domingo Sonntag
el domingo am Sonntag
dorado goldfarben
dormir schlafen
dormitorio Schlafzimmer
los/las dos beide
el drama Drama
droga Droge, Rauschgift
droguería Drogerie
ducha Dusche
ducha con asiento Duschsitz
dueño/-a de la casa Hausbesitzer/in
dulce lieblich *(Wein)*, süß
los dulces Süßigkeiten
duradero haltbar
durante während
durante el día tagsüber
durar dauern, halten, dauern
duro fest, hart, zäh

E

echarse s. hinlegen
la edad Alter
la Edad Media Mittelalter
edificio Bauwerk, Gebäude
ejemplo Beispiel
ejercitar üben
él er
elástico para el pelo Haargummi
eléctrico elektrisch
elegir aussuchen, wählen, wählen *(Politik)*
a ella *(dat von sie)* ihr
ella *(sing)* sie
ellas sie
ellos *(pl)* sie

embajada Botschaft, dipl. Vertretung
el embalaje Verpackung
embarazo Schwangerschaft
la embarcación habitable Hausboot
el emblema Wahrzeichen
embotellamiento Stau
el embrague Kupplung
embutido Aufschnitt, Wurst
emergencia Notfall
la emisión (Radio, Fernseh)-Sendung
el empaque *(Am)* Verpackung
empaquetar einpacken
emparentado verwandt
el empaste Plombe
empatado(s) unentschieden
el emperador/la emperatriz Kaiser/in
empezar anfangen
emplear benutzen
empleo Arbeit, Anstellung
empresa Firma
en an, auf, in
en (buena) forma fit
en (el) camino unterwegs
en ayunas nüchtern
en casa daheim
en caso de que falls
en común gemeinsam
en efectivo bar
en el viaje unterwegs
en ese caso in dem Falle, dann
en español auf Spanisch
en este momento gerade *(zeitlich)*
en ninguna parte nirgends
en ocasiones gelegentlich
en otra parte anderswo
en primer lugar erst, zuerst
en realidad eigentlich
en seguida gleich
en segundo lugar zweitens
en su punto gar
en torno a um
en último lugar zuletzt
en vez de anstatt
en voz baja leise
encantador entzückend
encantador bezaubernd
el encendedor Anzünder
encender anzünden, einschalten *(Licht)*
encendido Zündung
el enchufe Steckdose
el enchufe intermedio Zwischenstecker

encía Zahnfleisch
encontrar begegnen, finden, treffen
encontrarse s. befinden, liegen *(Stadt, Gebäude)*
endibia Chicoree
enero Januar
enfadado böse, verärgert
enfadarse (por) sich ärgern (über)
la enfermedad Krankheit
la enfermedad infantil Kinderkrankheit
enfermera Krankenschwester
enfermero Krankenpfleger
enfermo krank
enfrente de gegenüber
engaño Betrug, Gaunerei
enhorabuena Glückwunsch
el enlace Anschluss
enseñar unterrichten *(Schule)*, zeigen
entender verstehen
enterarse de erfahren
entero ganz
entonces also, damals, dann, anschließend
entrada (Autobahn)Auffahrt, Einfahrt, Eingang, Einreise, Eintritt, Eintrittskarte
entrar hereinkommen
entre zwischen
entreacto Pause
entrega de equipaje Gepäckausgabe
entrega de las llaves Schlüsselübergabe
entregar abgeben
los entremeses Vorspeise
entusiasmado (con) begeistert (von)
envenenamiento Vergiftung
enviar nachsenden, schicken
la Epifanía Dreikönigstag
epilepsia Epilepsie
época Epoche
época renacentista Renaissance
el equipaje Gepäck
equipo Mannschaft *(Sport)*
equipo de buceo Taucherausrüstung
la equivocación Missverständnis
equivocarse s. täuschen, s. verrechnen

el error Irrtum, Missverständnis
la erupción Eruption
la erupción cutánea Ausschlag
escala Zwischenlandung
escalado Stufenschnitt
escalar Bergsteigen
escalera Treppe
los escalofríos Schüttelfrost
el escaparate Schaufenster
escarpado steil
la escenificación Inszenierung
escoger aussuchen, wählen
escolar Schulkinder
escribir schreiben
escritura Handschrift
escuchar a alguien jdm zuhören
escuchar música Musik hören
escuela Schule
escuela de equitación Reitschule
el escultor/la escultora Bildhauer/in
escultura Plastik, Skulptur
el esnórquel Schnorchel
esófago Speiseröhre
espacio Raum
espalda Rücken
España Spanien
español spanisch, Spanisch *(Sprache)*
el español/la española Spanier/in
los espárragos Spargel
espasmo Krampf
especia Gewürz
especial speziell
la especialidad Spezialität
especialidades Feinkostgeschäft
especialmente besonders, extra
espectáculo Show, Veranstaltung, Aufführung
espectáculo folclórico Folkloreabend
el espectador/la espectadora Zuschauer/in
espejo Spiegel
el (espejo) retrovisor Rückspiegel
esperar erwarten
espina Gräte
las espinacas Spinat
espinilla Schienbein
esposa Ehefrau
esposo Ehemann

espuma de afeitar Rasierschaum
el esquí Ski
el esquí acuático Wasserski
el esquí de fondo Langlaufski
esquiar Ski laufen
esquina Ecke
esta diese(r, -s)
esta mañana heute Morgen
esta tarde heute Abend
la estación Bahnhof, Jahreszeit, Station
la estación balnearia Badeort
la estación central Hauptbahnhof
la estación de autobuses Busbahnhof
la estación de esquí Bergstation
la estación final Endstation
la estación inferior Talstation
estadía *(Am)* Aufenthalt
estadio Stadion
estado Staat
estampilla *(Am)* Briefmarke
estancia Aufenthalt
estancia *(Am)* Bauernhof
estanco Tabakladen
estar liegen *(Stadt, Gebäude)*, sein *(vorübergehend)*, **stehen**
estar acostado liegen *(im Bett)*
estar acostumbrado gewohnt sein
estar conforme/en favor de dafür sein
estar de pie stehen
estar echado liegen *(im Bett)*
estar en contra de dagegen sein
estar hambriento hungrig sein
estar mareado seekrank sein
estar mirando zuschauen
estar ronco heiser sein
estar sentado sitzen
estatua Statue
el este Osten
este, esto diese(r, -s)
estilo Stil
estofado geschmort
estómago Magen
estorbar stören
estornudar niesen
estrecho eng, schmal
estrella Stern
estreñimiento Verstopfung
estreno Premiere
estropeado kaputt, verdorben

estropear beschädigen
estudiar studieren
estudio Studio
el estupefaciente Rauschgift
estúpido blöd(e), dumm
euro Euro
Europa Europa
europeo europäisch
europeo/-a Europäer/in
el euskera Baskisch
exacto genau, richtig
el examen Untersuchung
las excavaciones Ausgrabungen
excelente ausgezeichnet
excepto außer
la excursión Ausflug, Landausflug, Rundfahrt, Tour
la excursión de un día Tagesausflug, Tagestour
la excursión en bici(cleta) Radtour
la excursión en velero Segeltörn
excusa Entschuldigung
exento de derechos de aduana zollfrei
expendedor de sellos Briefmarkenautomat
la exposición Ausstellung
la expresión Ausdruck
expresionismo Expressionismus
expreso ausdrücklich, Eilbrief
exterior äußerlich
el extintor Feuerlöscher
extrañarse (de) s. wundern (über)
extranjero Ausland, ausländisch
extranjero/-a Ausländer/in
extraordinario ausgezeichnet, außergewöhnlich
extraviarse s. verirren

F

fábrica Fabrik
fachada Fassade
fácil einfach, leicht
las facilidades para personas con sillas de ruedas rollstuhlgerecht
el factor de protección solar Lichtschutzfaktor
factura Rechnung

la facturación Check-in
la facturación de equipajes Gepäckabfertigung
facturar einchecken
falda Rock
falso falsch
falta Fehler *(den man macht)*
faltar fehlen
familia Familie
famoso berühmt
farmacia Apotheke
faro Leuchtturm, Scheinwerfer
fastidiar belästigen
fatigoso anstrengend
el favor Bitte
el fax Fax
febrero Februar
fecha Termin, Datum
fecha de nacimiento Geburtsdatum
la felicidad Glück
la felicitación Glückwunsch
felicitar gratulieren
feliz glücklich
feo hässlich
feria Jahrmarkt, Kirmes, Messe
ferretería Eisenwarengeschäft
el ferrocarril de cremallera Zahnradbahn
el ferryboat *(Am)* Fähre
férula Schiene
el festival Festival
fiambrería *(Am)* Feinkostgeschäft
los fiambres variados Aufschnitt
fianza Kaution
la fiebre Fieber
la fiebre del heno Heuschnupfen
fiesta Fest, Party
la fijación (de los esquís) Skibindung
el fijador (para el pelo) Haarfestiger
fijo fest
el film(e) Film
filmadora Videokamera
el fin Ende
el fin de semana am Wochenende
el final Ende
finalmente endlich, zuletzt
finca Bauernhof
finca rural *(Am)* Landgut
finca rústica Landgut

fino fein, dünn
firma Unterschrift
firmar unterschreiben
firme fest
flaco mager
el flash Blitzgerät
flato Blähungen
flequillo Pony
la flor Blume
florero Vase
floristería Blumengeschäft
el flotador Schwimmring
el folclore Folklore
folleto Prospekt
forastero/forastera der/die Fremde
el forfait válido para un día Tagespass
forma Form
la formación Ausbildung
formato apaisado Querformat
formato vertical Hochformat
formulario Formular, Vordruck
fortaleza Festung
forzar aufbrechen
fósforo Streichholz
la foto(grafía) Bild *(Foto)*
fotografía Fotografie
fotografiar fotografieren
fotómetro Belichtungsmesser
fractura Knochenbruch
el francés/la francesa Franzose/zösin
francés Französisch *(Sprache)*
Francia Frankreich
franco suizo Schweizer Franken
franquear frankieren
franqueo Porto
la frase Satz
el fraude Betrug *(Handel)*
frecuente häufig
frecuentemente oft, häufig
fregadero Geschirrspülbecken
freno Bremse
freno de emergencia Notbremse
freno de mano Handbremse
frente a gegenüber
las fresas Erdbeeren
fresco frisch, kühl
los fresones Erdbeeren
los frijoles *(Am)* Bohnen
frío kalt
frito gebacken
frito frittiert, gebraten
frontera Grenze
frontispicio Giebel

fruta Obst
frutería y verdulería Obst- und Gemüsehändler
frutilla *(Am)* Erdbeeren
los frutos secos Nüsse
fuego Feuer
los fuegos artificiales Feuerwerk
la fuente Brunnen, Schüssel, Quelle
fuera außen, draußen, fort, weg
fuera de außerhalb
fuera de juego abseits
fuerte stark
fuerza del viento Windstärke
el fumador/la fumadora Raucher/in
fumar rauchen
la función (Theater)-Vorstellung
funcionar funktionieren
el funicular Seilbahn
furioso wütend
el fusible *(el)* Sicherung
el fútbol Fußball
futuro Zukunft, zukünftig

G

las gafas de buceo Taucherbrille
las gafas de esquí Skibrille
galería Galerie
Galicia Galicien
gallego Galicisch *(Sprache)*
gallego/gallega Galicier/in
las galletas Gebäck, Kekse
las gambas Garnelen, Krabben
ganancia Gewinn
ganar gewinnen
gancho Haken
el garaje Garage
garantía Garantie
los garbanzos Kichererbsen
garganta Hals, Kehle
garrafa Karaffe
garrafa de gas *(Am)* Gasflasche
gasa Mullbinde
gastar ausgeben
los gastos Unkosten
los gastos adicionales Nebenkosten
gato Katze, Wagenheber
gaviota Möwe
el gel de ducha Duschgel

el gel para el pelo Haargel
general gewöhnlich
la gente Leute
gimnasia Gymnastik
gimnasio Fitnesscenter
giro telegráfico telegrafische Überweisung
glucosa Traubenzucker
gobierno Regierung
el golf Golf
golfo Bucht
las golosinas Süßigkeiten
golpear zusammenschlagen
gordo dick, fett
gorra Mütze
gorro de baño Bademütze
las gotas Tropfen
las gotas para los oídos Ohrentropfen
las gotas para los ojos Augentropfen
gótico Gotik
gozar de genießen
el GPS GPS
grabado Stich
grabado/talla en madera Holzschnitt
gracioso lustig
gramo Gramm
grande groß
los grandes almacenes Kaufhaus
granja Bauernhof
la gratificación Belohnung
gratinado überbacken
gratis gratis, kostenlos
gratuitamente gratis
gratuito kostenlos
grave ernst, bedrohlich
gravilla Rollsplitt
griego griechisch
grifo Wasserhahn
la gripe Grippe
gris grau
gritar schreien
grúa Abschleppwagen
grueso fett
grupo Gruppe
grupo de teatro Theatergruppe
grupo sanguíneo Blutgruppe
gruta Grotte
los guantes Handschuhe
guapo hübsch
guardar behalten
el guardarropa Garderobe
guardería infantil Kinderbetreuung

el/la guía Führer/in *(Person)*
la guía Führer *(Buch)*
la guía (turística) Reiseführer *(Buch)*
el guía (turístico)/la guía (turística) *(Person)* Reiseführer/in, Fremdenführer/in
guía de campings Campingführer
guía telefónica Telefonbuch
guindilla Paprikaschote
los guisantes Erbsen
gusano Wurm
gustar gefallen, schmecken, mögen, gern haben
gusto Geschmack

H

la habitación Raum, Räumlichkeit, Zimmer
el/la habitante Einwohner/in
habitar wohnen
habitual üblich
hablar reden, sprechen
hace diez minutos vor zehn Minuten
hace poco kürzlich
hacer machen, tun
hacer autostop trampen
hacer camping zelten
hacer costura nähen
hacer escala en anlegen in
hacer excursiones a pie wandern
hacer un viaje verreisen
hacer una radiografía röntgen
hacia gegen *(in Richtung auf, zeitlich)*, nach *(räumlich)*, um
hacia arriba aufwärts
hacia atrás rückwärts
hacia mediodía gegen Mittag
hacienda *(Am)* Bauernhof
el hall Empfangshalle
harina Mehl
harto satt
hasta bis
hasta ahora bis jetzt
hay es gibt
hay que man muss
hecho a mano handgemacht
helada Frost
helado Speiseeis
hemorragia Blutung
hemorragia cerebral Gehirnschlag
hemorragia nasal Nasenbluten

herida Verletzung, Wunde
herido/herida der/die Verletzte
herir verletzen
hermana Schwester
hermano Bruder
hermoso schön
hernia Leistenbruch
herramienta Werkzeug
hervir (Wasser) kochen
el hidroala Tragflügelboot
el hidrofoil Tragflügelboot
hielo Eis *(Wasser)*
las hierbas Kräuter
hígado Leber
los higos Feigen
hija Tochter
hijo Sohn
hinchado geschwollen
la hinchazón Schwellung
hinojo Fenchel
historia Geschichte
el hockey sobre hielo Eishockey
hoja Blatt
holgazán faul
el hombre Mann
hombres Herren
hombro Schulter
hondo tief
los hongos Pilz
hora Stunde
hora de llegada Ankunftszeit
hora de salida Abfahrtszeit
horario Fahrplan
horario de visita Besuchszeit
los horarios de apertura Öffnungszeiten
horchata Erdmandelmilch
hornillo Kocher
horno Kocher
horno de gas Gaskocher
las horquillas Haarklammern
horrible fürchterlich, schrecklich
el hospital Krankenhaus
la hospitalidad Gastfreundschaft
el hostal Fremdenzimmer
el hotel Hotel
hoy heute
hueso Knochen
el/la huésped Gast
los huevos Eier
húmedo feucht

I

idea Idee
el idioma Sprache
iglesia Kirche
la ignición *(Am)* Zündung
igual gleich
igual que wie
immediatamente gleich, sofort
impedir hindern
el imperdible Sicherheitsnadel
el impermeable Regenmantel
importancia Bedeutung *(Wichtigkeit)*
importante wichtig
el importe Betrag
imposible unmöglich
impresionante beeindruckend
impresionismo Impressionismus
impreso Formular, Vordruck
improbable unwahrscheinlich
inadecuado ungeeignet
el incidente Zwischenfall
incluido inbegriffen, inklusive
incorrecto falsch
increíble unglaublich
la indemnización Schaden-Ersatz
indemnizar ersetzen
la indicación Angabe
el indicador de camino Wegweiser
el índice de alcoholemia Alkoholspiegel
la indigestión Verdauungsstörung
inepto ungeeignet
inestable wechselhaft
infarto cardíaco Herzinfarkt
la infección Infektion
inflamable feuergefährlich
la inflamación Entzündung
la información Auskunft
informar benachrichtigen, informieren, unterrichten
la infusión Infusion
la infusión de manzanilla Kamillentee
inglés englisch, *(Sprache)* Englisch
inmediatamente sofort
inmediato direkt
inscribirse s. anmelden
la inscripción Inschrift
insecto Insekt

insignificante unwichtig
la insolación Sonnenstich
insomnio Schlaflosigkeit
insoportable unerträglich
la instalación Anlage
instantánea Schnappschuss
insulina Insulin
inteligente klug
intentar versuchen
interesante interessant
interesarse (por) s. interessieren (für)
interfono de bebés Babyfon®
el interior del país Hinterland
el intermitente Blinklicht
internacional international
el interrail Interrail
interrumpir unterbrechen
el interruptor Lichtschalter
intestino Darm
intolerable unerträglich
la intoxicación Lebensmittelvergiftung, Vergiftung
la intoxicación de la sangre Blutvergiftung
intranquilizarse s. beunruhigen
el/la invidente Sehbehinderte/r
invierno Winter
invitar einladen
la inyección Spritze
ir fahren, gehen, kommen
ir a pie zu Fuß gehen
ir a ver a alg jdn besuchen
ir de compras einkaufen
ir en avión fliegen
ir en piragua/canoa paddeln
ir(se) a la cama zu Bett gehen
irse weggehen
isla Insel
itinerario Route
izquierdo/-a linke(r, -s)

J

el jabón Seife
el jamón Schinken
el jamón cocido gekochter Schinken
el jamón de york gekochter Schinken
el jamón serrano/crudo roher Schinken
jaqueca Migräne
el jarabe (para/de la tos) Hustensaft
el jardín Garten

el jardín botánico Botanischer Garten
jarra de leche Milchkännchen
el jarrón Vase
el jazz Jazz
el jefe/la jefa Chef/in, Leiter/in
el jersey Pullover
joven jung
las joyas Schmuck
joyería Juwelier
las judías Bohnen
las judías verdes grüne Bohnen
juego Spiel
juego de bolos Bowling
el jueves Donnerstag
el juez/la jueza Richter/in
jugar spielen
jugoso saftig
juguetería Spielwarengeschäft
los juguetes Spielsachen
julio Juli
junio Juni
junto a bei *(örtlich)*, neben
juntos gemeinsam, zusammen

K

el kétchup Ketchup
kilo Kilogramm
kilogramo Kilogramm
kilómetro Kilometer

L

labio Lippe
laca de uñas Nagellack
lado Seite
el ladrón/la ladrona Dieb/in, Taschendieb/in
lago See
lamentar bedauern
lámpara Lampe
lámpara de mesita de noche Nachttischlampe
lana Wolle
lancha motora Motorboot
lapicero de bolilla *(Am)* Kugelschreiber
el lápiz de color Farbstift
largo lang, weit *(Weg)*
lástima schade!
lata Dose
el laurel Lorbeerblätter

lavabo Handwaschbecken, Waschbecken
lavabo de pie Stehklosett
lavabo para minusválidos Behindertentoilette
los lavabos Waschraum
lavadora Waschmaschine
lavandería Wäscherei, Waschsalon
el lavaplatos Geschirrspülmaschine
lavar waschen
el lavavajillas Geschirrspülmaschine, Spülmittel
el laxante Abführmittel
le *(unbetont)* ihr
la leche Milch
la leche batida Buttermilch
la leche semidesnatada fettarme Milch
lechería Milchgeschäft
lechuga Kopfsalat
leer lesen
las legumbres Gemüse, Hülsenfrüchte
lejano weit entfernt
lengua Sprache, Zunge
lengua de signos Zeichensprache
lenguado Seezunge
lentamente langsam
la lente Linse
las lentejas Linsen
lento langsam
los leotardos Strumpfhose
letrero Hinweisschild
levantarse aufstehen
libra Pfund
libre frei
librería Buchhandlung
libro Buch
libro de bolsillo Taschenbuch
libro de cocina Kochbuch
licencia de pesca Angelschein
lícito zulässig
licorería Spirituosengeschäft
ligero leicht *(Gewicht)*
lila lila
el límite Grenze
limonada Limonade
los limones Zitronen
el limpiaparabrisas Scheibenwischer
limpiar putzen, reinigen
limpiar en seco chemisch reinigen
limpieza en seco Reinigung
limpieza final Endreinigung

limpio sauber
lindo hübsch, schön
línea Linie
lino Leinen
la liquidación Ausverkauf
líquido flüssig
líquido de freno Bremsflüssigkeit
lista de correos postlagernd
listo fertig, klug
litera Etagenbett
litro Liter
liviano *(Am)* leicht
llamada a cobro revertido R-Gespräch
llamada internacional Auslandsgespräch
llamada interurbana/de larga distancia Ferngespräch
llamada telefónica Anruf
llamada urbana Ortsgespräch
llamar por teléfono anrufen, telefonieren
llamarse heißen *(sich nennen)*
llano flach
llanura Ebene
la llave Schlüssel
la llave de encendido Zündschlüssel
la llave de la luz Lichtschalter
llegada Ankunft
llegar ankommen
lleno voll
llevar wegbringen, tragen
llevar (puesto) tragen *(Kleidung)*
llevar consigo mitnehmen, mit sich nehmen
llevar(se) mitnehmen, forttragen
llorar weinen
lluvia Regen
lluvioso regnerisch
lo antes posible so bald wie möglich
lo mismo dasselbe
lo mismo... que genauso ... wie
la loción Rasierwasser
loco verrückt
lograr, alcanzar erreichen
la longitud Länge
las luces de frenado Bremslichter
las luces traseras Rücklicht
luego danach
el lugar Ort
el lugar conmemorativo Gedenkstätte

el lugar de nacimiento Geburtsort
el lugar de peregrinación Wallfahrtsort
el lugar de pesca Fischerort
los lugares de interés Sehenswürdigkeiten
lujoso luxuriös
lumbago Hexenschuss
luna Mond
el lunes Montag
el Lunes de Pascua Ostermontag
el lunes pasado letzten Montag
la luz Licht
la luz de carretera Fernlicht
la luz de cruce Abblendlicht
la luz de posición/de estacionamiento Standlicht

M

madera Holz
la madre Mutter
maduro reif
magnífico herrlich
magro mager *(Fleisch)*
mahonesa Majonäse
el maíz Mais
mal schlecht
maleta Koffer
maletero Kofferraum
las mallas Leggins
malo böse, schlecht, krank
malva lila
mañana Morgen, Vormittag
mancha Fleck(en)
mandar schicken
las mandarinas Mandarinen
mandíbula Kiefer
manejar *(Am)* Auto fahren
manera Art
manga Ärmel
la manifestación Demonstration
la mano Hand
manopla de baño Waschlappen
manta Bettdecke *(wollen)*
manta de lana Wolldecke
manteca *(Am)* Butter
el mantel Tischtuch
mantequilla Butter
el manual Handbuch
manzana Apfel
el mapa Landkarte

el mapa de carreteras Straßenkarte
el mapa para excursiones Wanderkarte
máquina Maschine
máquina canceladora de billetes Fahrscheinentwerter
máquina canceladora de boletos *(Am)* Fahrscheinentwerter
máquina expendedora de billetes Fahrkartenautomat
máquina expendedora de boletos *(Am)* Fahrkartenautomat
maquinilla de afeitar Rasierapparat *(mechanischer)*
el mar Meer, See
maravilloso wunderbar
el marcapasos Herzschrittmacher
marcar *(tele)* wählen
marcha Gang *(Auto)*
marcha atrás Rückwärtsgang
el marchante/la marchanta *(Am)* Kunde/Kundin
marcharse weggehen
marea alta Flut
marea baja Ebbe
mareado schwindlig
mareo Schwindel
margarina Margarine
marido Ehemann, Mann *(Ehemann)*
marrón braun
el martes Dienstag
martillo Hammer
marzo März
más mehr
mascota Haustier
más tarde später
el masaje Massage
mata Busch
el material Material
mayo Mai
mayonesa Mayonnaise
me mich, mir
las mechas Strähnchen
la media pensión Halbpension
mediano durchschnittlich
mediante durch
las medias Strümpfe
medicamento Medikament
medicamento para la circulación de la sangre Kreislaufmittel
medicina Medikament

medio Mitte, Mittel
medio durchschnittlich, halb
el (medio) ambiente Umwelt
el mediodía Mittag
Mediterráneo Mittelmeer
los mejillones Miesmuscheln
la/el/lo mejor beste(r, -s)
mejor besser
los melocotones Pfirsiche
el melón Honigmelone
la menstruación Menstruation
mensual monatlich
mensualmente monatlich
el menú Menü
el menú *(Am)* Speisekarte
mercadillo Flohmarkt
mercado Markt
mermelada Marmelade
el mes Monat
mesa Tisch
mesa para cambiar los pañales Wickeltisch
mesita de noche Nachttisch
meta Ziel
meta de(l) viaje Reiseziel
método anticonceptivo Verhütungsmittel
metro Meter, U-Bahn
metro cuadrado Quadratmeter
mezclado gemischt
mi mein(e)
el microondas Mikrowelle
la miel Honig
el miércoles Mittwoch
el miércoles de ceniza Aschermittwoch
milímetro Millimeter
el minibar Minibar
el minigolf Minigolf
minuto Minute
mirada Blick
el mirador Aussichtspunkt
mirar ansehen, schauen
misa *(rel)* Messe
mismo selbst
la mitad Hälfte
mochila Rucksack
moda Mode
modelo Modell
modernismo Jugendstil
moderno modern
modisto/-a Schneider/in
modo Art
mojado nass
molestar belästigen, stören
molesto lästig
molinillo de pimienta Pfeffermühle

momento Augenblick
monasterio Kloster
el mondadientes Zahnstocher
moneda Münze, Währung
las monedas Kleingeld
monedero Geldbeutel
el monopatín Skateboard
montada Schlagsahne
montaña Berg
montar a caballo reiten
montar en bici(cleta) Rad fahren
monumento Denkmal
monumento fúnebre Grabmal
los monumentos Sehenswürdigkeiten
las moras Brombeeren
morder beißen
moreno braun, gebräunt
mosaico Mosaik
mosca Fliege
mosquito Mücke
mostaza Senf
mostrar zeigen
el motel Motel
motivo Beweggrund
el motor Motor
el motor de arranque Anlasser
la mountain bike Mountainbike
muchacha Mädchen
muchacho Junge
mucho sehr *(beim Verb)*, viel
mudanza Umzug
mudarse s. umziehen
mudo stumm
el mueble Möbel
muela Zahn
muela del juicio Weisheitszahn
el muelle Kai, Mole
la mujer Frau, Ehefrau
muleta Krücke
multa Bußgeld, Geldstrafe
multicolor bunt, farbig
mundo Welt
las murallas (de la ciudad) Stadtmauern
muro Mauer
músculo Muskel
museo Museum
museo etnológico Völkerkundemuseum
música Musik
música clásica Klassik
música en directo Livemusik
música popular Volksmusik

el musical Musical
muy sehr
muy caliente heiß

N

nacido geboren
la nacionalidad Staatsangehörigkeit
nada nichts
el nadador/la nadadora Schwimmer/in
nadar schwimmen
nadar con tubo de buceo/con esnórquel schnorcheln
nadie niemand
naranja orange
las naranjas Apfelsinen
la nariz Nase
nata Sahne
nata agria saure Sahne
nata batida Schlagsahne
nativo einheimisch
natural natürlich
naturaleza Natur
naturaleza muerta Stillleben
naturalmente natürlich
las náuseas Brechreiz, Übelkeit
navaja Taschenmesser
navegar (a vela) segeln
la Navidad Weihnachten
necesario notwendig
necesitado de cuidados sanitarios pflegebedürftig
necesitar brauchen
la nefritis Nierenentzündung
negativo negativ
negro schwarz
nervio Nerv
nervioso nervös
neumático Reifen, Schlauch
los neumáticos de invierno Winterreifen
nevera Kühlschrank
nevera portátil Kühltasche
niebla Nebel
el nieto/la nieta Enkel/in
la nieve Schnee
la nieve polvo Pulverschnee
ningún kein
ninguno kein
niño/-a Kind
niño de pecho Säugling
no nicht
no estar conforme con dagegen sein

no fumador/-a Nichtraucher/in
no hacer nada faulenzen
la noche Nacht
Nochebuena Heiliger Abend
Nochevieja Silvesterabend
el nombre Name
el nombre (de pila) Vorname
normal normal
normalmente normalerweise
el norte Norden
nos uns
nosotros/nosotras wir
notar merken
noticia Nachricht
novela Roman
(el) noviembre November
la nube Wolke
nublado bewölkt
nuestro/-a unser(e, es)
nuevo frisch, neu
la nuez moscada Muskatnuss
número Schuh-, Hemd-, Hutgröße, Nummer, Zahl
número de la casa Hausnummer
número de teléfono Telefonnummer
número del vagón Wagennummer
número secreto Geheimzahl
nunca nie

O

o oder
o... o entweder ... oder
objetivo Objektiv
objeto Gegenstand
objeto expuesto Exponat
los objetos de cerámica Töpferwaren
los objetos de valor Wertsachen
los objetos hallados Funde
obra Baustelle
obra de teatro Theaterstück
observar beachten, halten, merken
observatorio astronómico Sternwarte
(el) octubre Oktober
ocupado besetzt *(Platz)*
ofensa Beleidigung
oficial offiziell
oficina Amt, Dienststelle, Büro

oficina de cambio Wechselstube
oficina de objetos perdidos Fundbüro
oficina de turismo Fremdenverkehrsamt, Verkehrsamt
oficio artístico Kunstgewerbe
ofrecer bieten
oído Gehör
oír hören
ojalá hoffentlich
los ojos Augen
ola de calor Hitzewelle
el oleaje Seegang
oler riechen
oler mal stinken
el olor Geruch
olvidar vergessen
ópera Oper
la operación Operation
opereta Operette
opinar meinen
la opinión Meinung
oportunamente rechtzeitig
óptica Optiker
opuesto entgegengesetzt
la orden *(rel)* Orden
el ordenador portátil Notebook
oreja Ohr
orfebrería Goldschmiedekunst
el origen Quelle *(Ursache)*
el original Original
orilla Ufer
orina Urin
oro Gold
orquesta Orchester
orquesta de baile Tanzkapelle
os euch *(unbetont)*
oscuro dunkel
las ostras Austern
la otitis media Mittelohrentzündung
otoño Herbst
otra vez wieder
el otro, la otra, lo otro der/die/das andere

P

paciencia Geduld
el padre Vater
los padres Eltern
pagar auszahlen, bezahlen
pagar al contado bar zahlen
página Seite *(Buch)*
las páginas amarillas Gelbe Seiten®

pago Zahlung
el país Land
el País Vasco Baskenland
el paisaje Landschaft
pájaro Vogel
pajita Strohhalm
palabra Wort
palacio Palast, Schloss
palco Loge
palillo (de dientes) Zahnstocher
palo de golf Golfschläger
palo de tienda de campaña Zeltstange
palo selfie Selfiestick
el pan Brot
el pan blanco Weißbrot
el pan integral Schwarzbrot
panadería Bäckerei
los pañales Windeln
panecillo Brötchen
paño de cocina Geschirrtuch
paño para fregar Spültuch
el pantalón Hose
el pantalón corto Shorts
el pantalón de baño Badehose
el pantalón de deporte Jogginghose
el pantalón de esquí Skihose
pantano Sumpf
el panty Damenstrumpfhose
los pañuelos de papel Papiertaschentücher
pañuelo de cabeza Kopftuch
pañuelo para el cuello Halstuch, Schal
el papel Papier
el papel de aluminio Alufolie
el papel de cartas Briefpapier
el papel de escribir Briefpapier
los papeles Papiere
el papel higiénico Toilettenpapier
el papel principal Hauptrolle
papelería Schreibwarengeschäft
las paperas Mumps
el paquete Paket
el paquete pequeño Päckchen
para für
el parabrisas Windschutzscheibe
paracaidismo Fallschirmspringen
el parachoques Stoßstange
parada (Zug)Aufenthalt, Haltestelle

parada de taxis Taxistand
parado arbeitslos
el paragolpes *(Am)* Stoßstange
el paraguas Schirm
la parálisis Lähmung
parapléjico querschnittsgelähmt
parar aufhören
parar(se) (an)halten, stehen bleiben
pararse *(Am)* aufstehen
parecido ähnlich
la pared Mauer, Wand
la pared escarpada Felswand
pariente verwandt
el parking Parkplatz
el parque Park
el parque de atracciones Freizeitpark, Vergnügungspark
el parque de recreo infantil Kinderspielplatz
el parque nacional Nationalpark
el parque zoológico Zoo
párrafo Absatz
parrilla Grill
la parte Teil
partida Abfahrt, Ausreise
partido Spiel
partido de fútbol Fußballspiel
partido individual Einzel
pasado Vergangenheit, vorüber
pasado mañana übermorgen
el pasaje Übergang
pasajero/-a Passagier/in, Fahrgast
el pasaporte Pass, Ausweis, Reisepass
pasar überholen
Pascua (de Resurrección) Ostern
¡pase! herein!
pasear spazieren gehen
paseo Spaziergang
paseo a caballo Ausritt
pasillo Gang, Hausflur
paso Übergang
paso subterráneo Unterführung
pasta Nudeln
pasta de dientes Zahnpasta
las pastas Gebäck, Kekse
el pastel Kuchen
pastelería Konditorei, Süßwarengeschäft

pastilla Tablette
las pastillas para el dolor de cabeza Kopfschmerztabletten
las pastillas para la garganta Halstabletten
pasto *(Arg)* Rasen
las patatas Kartoffeln
el paté de hígado Leberpastete
las patillas Koteletten
el patín Rollschuh
el patinador/la patinadora Inliner/in
el patinaje sobre hielo Eislauf
los patines de hielo Schlittschuhe
los patines de ruedas Rollschuhe
el patinete Roller
patio Hof
patio interior Innenhof
patria Heimat
el peaje Autobahngebühr
el peatón/la peatona Fußgänger/in
pecho Brust
el pedal del gas Gaspedal
el/la pediatra Kinderarzt/ärztin
pedido Bestellung
pedir algo a alg jdn um etw bitten
pedir perdón s. entschuldigen
pedregoso steinig
pegar zusammenschlagen
peinado Frisur
peinar frisieren, kämmen
el peine Kamm
peldaño Stufe
película Film
película de acción Actionfilm
película de dibujos animados Zeichentrickfilm
película de terror Horrorfilm
película de vídeo Videofilm
película en blanco y negro Schwarzweißfilm
peligro Gefahr
peligroso gefährlich
pelo Haar
pelo seco trockenes Haar
pelota Ball
peluca Perücke
peluquero Friseur
peña Fels
la pendiente Steigung

los pendientes Ohrringe
pensar en denken an
la pensión Pension, Fremdenzimmer
la pensión completa Vollpension
el Pentecostés Pfingsten
penúltimo/-a vorletzte(r, -s)
pepino Gurke
pequeño klein
las peras Birnen
perca Barsch
percha Kleiderbügel
perder verlieren, verpassen *(Zug)*
el perdón Entschuldigung
el perejil Petersilie
perezoso faul
el perfume Parfüm
perfumería Parfümerie
periódico Zeitung
período Menstruation
perla Perle
la permanente Dauerwelle
permiso de circulación Kfz-Schein
permiso de conducción Führerschein
permitido zulässig
la pernoctación Übernachtung
pernoctar übernachten
pero aber, doch (aber)
perro Hund
perro lazarillo Blindenhund
persona Mensch, Person
persona en silla de ruedas Rollstuhlfahrer/in
personal persönlich
pertenecer a gehören
pescadero/-a Fischhändler/-in
pesado lästig, schwer
pescadería Fischgeschäft
pescar con caña angeln
peso Gewicht
petanca Boulespiel
petróleo Petroleum
el pez Fisch
el pez espada Schwertfisch
picante scharf
picar jucken, stechen
pico Gipfel
el pie Fuß
piedra Stein
la piel Fell, Haut
pierna Bein
pieza Stück
pieza *(Am)* Raum, Zimmer

el pilar Säule
la píldora antibaby Antibaby-pille
el/la piloto Pilot/in
pimienta Pfeffer
pimiento Paprika
piña Ananas
pinchar stechen
el ping-pong Tischtennis
el pintalabios Lippenstift
pintar malen
pintar con acuarela Aquarell-malen
el pintor/la pintora Maler/in
pintura Bild *(Gemälde)*, Farbstift, Malerei
pintura al óleo Ölmalerei
pintura sobre cristal Glasmalerei
pintura sobre seda Seidenmalerei
las pinzas Pinzette
las pinzas de la ropa Wäscheklammern
el piquete (Zelt)Hering
piragua Paddelboot
los Pirineos Pyrenäen
piscina Swimmingpool
piscina infantil Kinderbecken
piscina pequeña Planschbecken
piso Fußboden, Etage, Stockwerk, Wohnung
pista Tipp
pista de hielo Eisbahn
pista para bicicletas Fahrradweg
placa de matrícula Nummernschild
placa de nacionalidad Nationalitätskennzeichen
el placer Vergnügen
plancha/tabla de surf Surfbrett
planchar bügeln
plano ebenerdig
plano de la ciudad Stadtplan
planta Pflanze
planta baja Erdgeschoss
plástico para conservación de alimentos Frischhaltefolie
plata Silber
plátano Banane
platea Parkett
plateado silberfarben
plato Gericht, Gang *(Essen)*, Teller
plato de sopa Suppenteller

plato del día Tagesgericht
plato infantil Kinderteller
plato pequeño Untertasse
plato principal Hauptspeise
playa Strand
playa nudista FKK-Strand
las playeras Strandschuhe
plaza Platz
plaza de toros Arena
plazo Termin, Frist
la población Ortschaft
pobre arm
poco wenig
poco común ungewöhnlich
poder dürfen, können
podrido faul *(Obst)*, verdorben, faul
el/la policía Polizist/in
policía Polizei
la polio(mielitis) Kinderlähmung
pollo Hähnchen
polvo Staub
los polvos Puder
pomada Salbe
pomada para quemaduras Brandsalbe
pomelo Grapefruit
poner legen
poner gasolina tanken
por auf, aus *(Grund)*, durch *(Mittel)*, von *(Passiv)*, für, wegen
por ciento Prozent
por correo aéreo mit Luftpost
por ejemplo zum Beispiel
por escrito schriftlich
por eso/esto/ello deshalb
por fin endlich
por la mañana am Vormittag, morgens, vormittags
por la noche nachts
por la tarde abends, nachmittags
por lo menos wenigstens
por mí meinetwegen
por mi parte meinetwegen
por término medio durchschnittlich
por todas partes überall
porcelana Porzellan
los porotos *(Am)* Bohnen
porque da *(Grund)*, denn, weil
el portal Portal
portería Tor *(Sport)*
portero/-a Portier/in, Torwart/-frau

portero electrónico automatischer Türöffner
el portón Tor
el porvenir Zukunft
posible möglich
la postal Ansichtskarte, Postkarte
el poste de socorro Notrufsäule
el postre Nachtisch
practicar el surf surfen
practicar el windsurf Windsurfen
práctico praktisch
pradera Wiese
prado Wiese
precio Preis *(Geld)*
precio de (la) entrada Eintrittspreis
precio del billete Fahrpreis
precio global/total Pauschalpreis
precio por kilómetro Kilometerpreis
preciso genau, richtig
la predicción del tiempo Wettervorhersage
prefijo Vorwahlnummer
pregunta Frage
preguntar fragen
premio Preis *(Belohnung)*
prenda Pfand
prendero/-a Trödler/in
preocuparse de s. kümmern um
preocuparse por s. sorgen um
preparar vorbereiten, zubereiten
prescribir verschreiben
la prescripción Vorschrift
la presentación Vorstellung
preservativo Kondom, Präservativ
la presión de la sangre (alta/ baja) Blutdruck *(hoher/ niedriger)*
prestar *(jdm)* leihen
primavera Frühling
el primer plato Vorspeise
primera (marcha) erster Gang
primero erst, zuerst
primero/-a erste(r, -s)
los primeros auxilios erste Hilfe
primo/prima Cousin/e
principal hauptsächlich
principalmente hauptsächlich
principio Anfang

la prisión preventiva Untersuchungshaft
privado privat
probable wahrscheinlich
probablemente wahrscheinlich
probar kosten, probieren, versuchen, versuchen
el problema Problem
proceder stammen (aus)
la procesión (de Semana Santa) Prozession *(Karwoche)*
procurar besorgen
producto Produkt
la profesión Beruf
el profesor de esquí Skilehrer/in
profundo tief
el programa Programm, Programmheft, Spielplan
prohibido verboten
prohibido el paso Durchfahrt verboten
prohibido estacionar/aparcar parken verboten
prohibido parar y estacionar halten verboten
prolongar verlängern *(zeitlich)*
prometido/-a der/die Verlobte
pronto bald, früh
pronunciar aussprechen
propietario/-a Besitzer/in, Eigentümer/in
propina Trinkgeld
propio eigen
proporcionar besorgen
la proposición Vorschlag
propuesta Vorschlag
prospecto Prospekt
la protección de los monumentos Denkmalschutz
la prótesis Prothese
la provisión Vorrat
provisional provisorisch
próximo/-a nächste(r, -s)
prudente vorsichtig
prueba Zeichen, Beweis, Probe
público öffentlich
pueblo Dorf, Ortschaft, Volk
pueblo de montaña Bergdorf
el puente Brücke
el puenting Bungeejumping
puerro Lauch
puerta Flugsteig, Tor, Tür
puerto Hafen

puerto (de montaña) (Gebirgs) Pass
pues denn
el pulmón Lunge
pulmonía Lungenentzündung
el pulóver *(Am)* Pullover
pulsera Armband
pulso Puls
punto culminante Höhepunkt
punto de observación Aussichtspunkt
punto muerto Leerlauf
puntual pünktlich
puntualmente pünktlich
purito Zigarillo
puro Zigarre
el pus Eiter

Q

que als, dass
qué was
¿qué...? was für ein/eine ...?
quedarse bleiben
quejarse (de) s. beklagen (über), s. beschweren (über)
quemadura Verbrennung
quemadura por el sol Sonnenbrand
querer lieben, mögen, wünschen)
querido/-a Liebling
queso Käse
queso blando Weichkäse
queso de oveja Schafskäse
queso en lonchas Schnittkäse
quieto still
el quitaesmaltes Nagellackentferner
quizá(s) vielleicht

R

rabioso wütend
racha Bö
la ración Portion
el radiador Kühler
la radio Radioapparat
la radio del coche Autoradio
radiografía Röntgenaufnahme
ráfaga Bö
ramo (Blumen)Strauß
rampa Rampe
rampa de acceso Auffahrtrampe
rápidamente schnell
rápido schnell
raqueta Schläger

raqueta de tenis Tennisschläger
rara vez selten
raramente selten
raro selten
raspa Gräte
rastro Flohmarkt
ratero/-a Taschendieb/in
raya Scheitel
rayo Blitz
la razón Grund
real wirklich
rebaja Ermäßigung, Rabatt
rebanada Scheibe *(Brot)*
rebeca Strickjacke
la recepción Anmeldung, Rezeption
el receptor Hörer
receta Rezept
recetar verschreiben
rechazar ablehnen
recibir bekommen, empfangen, erhalten
recibo Quittung
recién *(Am)* erst, nicht früher als, gerade, kürzlich
reciente frisch
el recipiente Behälter
reclamar reklamieren
recoger abholen
recogida Leerung
recomendar empfehlen
recompensa Belohnung
recordar jdn an etw erinnern, s. erinnern
recordarle algo a alg jdn an etw erinnern
recorrido (turístico) Rundfahrt
recuerdo Mitbringsel
la red Netz
redondo rund
reexpedir nachsenden
refresco Erfrischung
refugio de montaña Schutzhütte
regalar schenken
regalo Geschenk
el régimen Diät
la región Gegend, Region
regresar zurückfahren, zurückkehren
regreso (a casa) Heimreise
regular regelmäßig
regularmente regelmäßig
rehogado gedämpft
rehusar ablehnen
reír(se) lachen
la relación Verbindung

la religión Religion
rellenar ausfüllen
relleno gefüllt
el reloj de pulsera Armbanduhr
relojero/-a Uhrmacher/in
remar rudern
remedio Heilmittel
el/la remitente Absender/in
remolcar abschleppen
renacimiento Renaissance
reparar (Schaden) ersetzen
repetir wiederholen
repollo Kohl
reponerse s. erholen
la representación Aufführung, Vorstellung
el requesón Quark
reserva Buchung, Reservierung
reserva de animales Wildpark
reserva de asiento Platzkarte
reserva de litera Liegewagenplatz
reserva natural/ecológica Naturschutzgebiet
reserva ornitológica Vogelschutzgebiet
reservar (Platz) buchen, reservieren
resfriado Erkältung
resfriado de nariz Schnupfen
resfrío *(Am)* Erkältung, Schnupfen
resistente fest, dauernd
resolver beschließen
respirar atmen
responder antworten
responsable verantwortlich, zuständig
el restaurante de comida rápida Schnellimbiss
los restos Überreste
retardar verschieben *(zeitlich)*
retornable Flaschenpfand
retraso Verspätung
retrato Porträt
el reúma Rheuma
revelar entwickeln *(Foto)*
el revisor/la revisora Kontrolleur/in, Schaffner/in
revista Zeitschrift
revista (ilustrada) Illustrierte
el rey/la reina König/in
los Reyes Magos die Heiligen Drei Könige
rezar beten

rico reich, *(Essen)* lecker
ridículo lächerlich
el rímel Wimperntusche
el rincón Ecke
el rincón-cocina Kochnische
la rinitis Schnupfen
el riñón Niere
riñonera Nierengurt
río Strom *(Fluss)*
los rizos Locken
robar stehlen
robo Diebstahl
roca Fels
el rock Rock *(Musik)*
rodaja Scheibe *(Wurst)*
rodeo Umweg
rodilla Knie
rojo rot
romero Rosmarin
roncar schnarchen
ropa Kleidung
ropa de cama Bettwäsche
ropa interior Unterwäsche
ropa para niños Kinderkleidung
ropa sucia Wäsche *(zum Waschen)*
rosa rosa
rostro Gesicht
roto gebrochen, kaputt
rotura de ligamentos Bänderriss
los rulos *(Am)* Locken
rubeola Röteln
rubio blond
rueda Rad, Reifen
rueda de repuesto Ersatzrad
rueda pinchada Platten
ruido Geräusch, Lärm
ruina Ruine
las ruinas Überreste
rulero *(Am)* Lockenwickler
rulo Lockenwickler

S

sábado Samstag
saber erfahren, können, wissen
saber a schmecken nach
el sabor Geschmack
sabroso lecker
el sacacorchos Korkenzieher
sacarina Süßstoff
el sacerdote/la sacerdotisa Priester/in
saco *(Am)* Jacke
saco tejido *(Am)* Strickjacke

sagrado heilig
la sal Salz
sala Saal
sala de desayuno Frühstücksraum
sala de espera Aufenthaltsraum, Wartesaal, -zimmer
sala de televisión Fernsehraum
el salami Salami
salchicha Würstchen
el salchichón Salami
los saldos Ausverkauf
salero Salzstreuer
salida Abfahrt, Ausfahrt, Ausgang, Ausreise
salida de emergencia Notausgang
salida de la autopista Autobahnausfahrt
salir (de) ausgehen (von), *(mit Auto)* abfahren (von)
salir para abreisen nach
salsa Soße
saludar (be)grüßen
salvaje wild
el salva-slip Slipeinlagen
el salvavidas Rettungsring
salvia Salbei
las sandalias Sandalen
el sándwich *(Am)* belegtes Brötchen
sangrar bluten
la sangre Blut
sano gesund
santo heilig
el sarampión Masern
el sastre/la sastra Schneider/in
satisfecho froh, satt, zufrieden
satisfecho (de) erfreut (über)
sauna Sauna
sazonar würzen
se man
el secador de pelo Föhn
secadora Wäschetrockner
secar föhnen, trocknen
seco trocken *(Wein)*
seda Seide
segundo zweitens, Sekunde
segundo/-a zweite(r, -s)
seguro sicher, bestimmt, Versicherung
seguro a todo riesgo Vollkasko
seguro parcial Teilkasko
seguro de enfermedad Krankenkasse

la selección Auswahl
sellar entwerten
sello Briefmarke, Stempel
sello de coleccionista Sondermarke
semáforo Ampel
semana Woche
semanal wöchentlich
semanalmente wöchentlich
semejante ähnlich
seminario Seminar
la señal Zeichen, Anzahlung
las señas Adresse
sencillo einfach
sendero Steg
sendero (para excursiones a pie) Wanderweg
el señor Herr
señora Frau
señoras Damen
señorita Fräulein
la sensibilidad Filmempfindlichkeit
sentar bien passen
sentimiento Gefühl
sentir fühlen
sepia Sepia, Tintenfisch
(el) septiembre September
ser sein, dauernd, werden *(Passiv)*
ser amigo (de) befreundet sein (mit)
ser de gehören
ser habitual gewöhnlich sein
serio ernst
la serpiente Schlange
servicio Bedienung
servicio de ayuda Betreuungsdienst
servicio de fiesta Partyservice
servicio de recogida Rückholservice
servicio de remolque Abschleppdienst
servicio de transporte Fahrdienst
los servicios Toilette
los servicios sanitarios Sanitäreinrichtungen
servilleta Serviette
las servilletas de papel Papierservietten
servir servieren
si ob, wenn
sí doch *(Bejahung)*
siempre immer
siglo Jahrhundert

significar heißen
significado Bedeutung *(Sinn)*
signo Zeichen
silencio Ruhe, Stille
silla Stuhl
silla de bebé para el coche Babyschale *(fürs Auto)*
silla de niño Kindersitz
silla de niños para el coche Kindersitz *(fürs Auto)*
silla de niños para la bicicleta Kindersitz *(fürs Fahrrad)*
silla de ruedas Rollstuhl
silla de ruedas a bordo Bordrollstuhl
silla de ruedas eléctrica Elektrorollstuhl
silla de ruedas plegable Faltrollstuhl
el sillón Sessel
símbolo Wahrzeichen
simpático sympathisch
sin ohne
sin alcohol alkoholfrei
sin barreras barrierefrei
sin compromiso unverbindlich
sin embargo doch, aber, trotzdem
sin falta unbedingt
sin importancia unwichtig, wertlos
sin valor wertlos
la sinusitis Stirnhöhlenentzündung
sinvergüenza unverschämt
el sistema de alarma intermitente Warnblinkanlage
sitio Platz
la situación Lage
el slip Slip
el snack-bar Imbiss
sobrar übrig bleiben
el sobre Briefumschlag
sobre auf, über
la sociedad Verein
el sofá-cama Schlafcouch
soga Seil
el sol Sonne
solamente nur
soleado sonnig
sólido haltbar
el/la solista Solist/in
solitario einsam
solo allein, einsam
solo nur
soltero Junggeselle
soltero ledig

la solución electrolítica Elektrolytlösung
sombra Schatten
sombrero Hut, Sonnenhut
sombrilla Sonnenschirm
los somníferos Schlaftabletten
sonido Ton
sopa Suppe
sordo gehörlos, taub
sordociego taubblind
el sostén Büstenhalter
su *(poss prn)* sein(e), ihr(e), Ihr(e)
suave mild
subida Steigung
subir einsteigen
subtítulo Untertitel
sucio schmutzig
sudar schwitzen
suela Sohle
suelo Boden
sueño Traum
suficiente genug
sufrir un accidente verunglücken
sugerencia Tipp
Suiza Schweiz
suizo/-a Schweizer/in
el sujetador Büstenhalter
sujeto a derechos de aduana zollpflichtig
suma Summe, Betrag
la superficie helada Glatteis
supermercado Supermarkt
suplementario zusätzlich
suplemento Zuschlag
los supositorios Zäpfchen
el sur Süden
sustituir ersetzen
suyo/suya *(poss prn)* seine(r), ihre(r), Ihre(r)

T

tabaco Tabak
taberna Kneipe
tablilla Schiene
el tacón Absatz
tajada Scheibe *(Fleisch)*
tal vez vielleicht
talla Kleidergröße
talla (en madera) Schnitzerei
el taller Werkstatt
tamaño Umfang
también auch
tampoco auch nicht
los tampones Tampons

el tanque *(Am)* Wasserkanister
el tanque de gasolina *(Am)* Benzinkanister
tapadura *(Am)* Plombe
la tarde Abend, Nachmittag
tarde spät
tarifa de fin de semana Wochenendpauschale
tarifa global de electricidad Strompauschale
tarjeta con chip Chipkarte
tarjeta de crédito Kreditkarte
tarjeta de embarque Bordkarte
tarjeta telefónica Telefonkarte
tarta Kuchen
tasa de seguridad Sicherheitsgebühr
tasca Kneipe
el/la taxista Taxifahrer/in
taza Tasse
te dir, dich
el té (schwarzer) Tee
teatro Theater
teatro bailado Tanztheater
teatro de variedades Varietee
techo Decke
techo corredizo Schiebedach
tejado Dach
los tejanos Jeans
tela Stoff, Tuch
el telebaby Babylift
teleférico Seilbahn
telefonear anrufen, telefonieren
teléfono Telefon
teléfono de la habitación Zimmertelefon
teléfono inalámbrico Mobiltelefon
teléfono móvil Handy
el telegrama Telegramm
teleobjetivo Teleobjektiv
el telesilla Sessellift
el televisor Fernseher
el télex Telex
temer (be)fürchten
temperatura Temperatur
templo Tempel
temporada Saison
temporada alta Hauptsaison
temporada baja Nach-, Vorsaison
el tenedor Gabel
tener haben, besitzen
tener cuidado (de/con) aufpassen (auf)

tener en cuenta beachten
tener lugar stattfinden
tener miedo de s. fürchten vor
tener prisa es eilig haben
tener sed durstig sein
tener/pasar frío frieren
teñir färben
el tenis Tennis
el tenis de mesa Tischtennis
la tensión (alta/baja) (hoher/niedriger) Blutdruck
la tensión de corriente Stromspannung
tercero/-a dritte(r, -s)
la terminal Terminal
terminar aufhören
termo Thermosflasche®
termómetro Fieberthermometer
terracota Terrakotta
terraza Terrasse
terreno Gelände
terrible fürchterlich
el/la testigo Zeuge/Zeugin
el tétanos Tetanus
el thriller Thriller
tibia Schienbein
tiempo Zeit
tienda de antigüedades Antiquitätengeschäft
tienda de artículos de deporte Sportladen
tienda de artículos de juguete Spielwarengeschäft
tienda de artículos de piel/cuero Lederwarengeschäft
tienda de artículos eléctricos Elektrohandlung
tienda de campaña Zelt
tienda de comestibles Feinkostgeschäft
tienda de comestibles Lebensmittelgeschäft
tienda de fotografía Fotogeschäft
tienda de música Musikgeschäft
tienda de productos dietéticos Reformhaus
tienda de recuerdos Souvenirladen
tienda de vinos y licores Spirituosengeschäft
tienda macrobiótica Bioladen
tierno zart
tierra Erde, Land
tierra firme Festland

el tifus Typhus
tijeras Schere
tijeras de uñas Nagelschere
el timbre Klingel
tímido schüchtern
tímpano Trommelfell
tintorería Reinigung
tintura de yodo Jod(tinktur)
típico (de) typisch (für)
tipo de cambio Wechselkurs
tirar ziehen
toalla Handtuch
tobillo Knöchel
tocar berühren
tocar un instrumento musizieren
todavía noch
todo alles, ganz
todo seguido/derecho geradeaus
todos alle
todos los días jeden Tag, täglich
toma de corriente Stromanschluss
tomar benutzen, nehmen
tomar nota de algo s. etw merken
tomar parte en teilnehmen an
tomar prestado (von jdm) leihen
tomarse la molestia de s. bemühen
los tomates Tomaten
tomillo Thymian
tono (Farb)Ton
tonto blöd(e), dumm
tormenta Gewitter, Sturm
tornillo Schraube
la torre Kirchturm, Turm
la tos Husten
la tos convulsa *(Am)* Keuchhusten
tosferina Keuchhusten
tostada Toast
tostado braun, geröstet
tostadora Toaster
total voll
trabajar arbeiten
trabajo Arbeit
traducir übersetzen
traer her-, mitbringen
tráfico Verkehr
tragedia Tragödie
el traje Anzug
el traje de baño Badeanzug
el traje de chaqueta Kostüm

el traje de neopreno Neoprenanzug
el traje isotérmico Neoprenanzug
el traje/vestido regional Tracht, Volkstracht
el tranquilizante Beruhigungsmittel
tranquilizarse s. beruhigen
tranquilo ruhig, still
el transbordador Fähre
transbordo Zwischenlandung
el tranvía Straßenbahn
trapero/-a Trödler/in
los trastornos cardíacos Herzbeschwerden
los trastornos de la circulación Kreislaufstörung
tratar behandeln
traza Loipe
el trekking Trekkingrad
el tren Zug
el tren de cercanías Nahverkehrszug
tren rápido suburbano S-Bahn®
el tribunal Gericht *(Justiz)*
triángulo de emergencia Warndreieck
trineo Schlitten
el trípode Stativ
la tripulación Mannschaft *(Schiff, Flugzeug)*
triste traurig
trozo Stück
tu du, dein
tú du
tubo de buceo Schnorchel
tubo de escape Auspuff
tumba Grab, Grabmal
tumbona Sonnenliege
el tumor Geschwulst
el túnel Tunnel
el/la turista Tourist/in
turquesa türkisfarben

U

úlcera Geschwür
último/-a letzte(r, -s)
el umbral Türschwelle
un par ein paar, *(Schuhe)* ein Paar
un poco ein bisschen, ein wenig, etwas
una vez einmal
único einzig
la universidad Universität
un(o)/una eine(r, s)
unos ein paar, einige

la urbanización de vacaciones Ferienanlage
urgente dringend
urgentemente dringend
usar benutzen
usted *(sing)* Sie
ustedes *(pl)* Sie
usual gebräuchlich, gewöhnlich, üblich
las uvas Weintrauben

V

las vacaciones Ferien, Urlaub
vacío leer
vacuna Impfung
vado permanente Ausfahrt freihalten
el vagón abierto Großraumwagen
vajilla Geschirr
el vale Gutschein
valer kosten
validar un billete (*Am* **un boleto)** eine Fahrkarte entwerten
válido gültig
el valle Tal
el vapor Dampfer
los vaqueros Jeans
varicela Windpocken
vasco Baskisch *(Sprache)*
vasco/-a Baske, Baskin
vascuence Baskisch
vaso Glas
vaso para agua Wasserglas
vaso para vino Weinglas
vecino/-a Nachbar/in
veda Schonzeiten
vegano/-a Veganer/in
vegetariano vegetarisch
vegetariano/-a Vegetarier/in
vejiga Harnblase
las velas Kerzen
velero Segelboot
la velocidad Gang, Geschwindigkeit
velocímetro Tachometer
venda elástica Elastikbinde
los vendajes Verband
vendar verbinden
el vendedor/la vendedora de periódicos Zeitungshändler/in
vender verkaufen
veneno Gift
venenoso giftig
venir kommen
venir (de) stammen (aus)
venir bien passen *(recht sein)*

venta anticipada Vorverkauf
venta libre de impuestos Duty-free-Verkauf
ventaja Vorteil
ventana Fenster
ventanilla Fahrkartenschalter
ventanilla de equipajes Gepäckschalter
el ventilador Ventilator
la ventosidad Blähungen
ver sehen
verano Sommer
verdadero echt, wahr, wirklich
verde grün
las verduras Gemüse
la versión original Originalfassung
vértigo Schwindel
vesícula Gallenblase
vestido Kleid
los vestidos Kleidung
vestir anziehen
vestirse s. anziehen
viajar reisen
el viaje Fahrt, Reise
el viaje de vuelta Rückfahrt
viajero/-a Fahrgast
vida Leben
vidriera *(Am)* Schaufenster
viejo alt
viento Wind
el vientre Bauch, Unterleib
el viernes Freitag
el Viernes Santo Karfreitag
viña Weinberg
el vinagre Essig
viñedo Weinberg
vino Wein
vino blanco Weißwein
vino rosado Rosé
vino tinto Rotwein
la violación Vergewaltigung
violentar aufbrechen
violeta violett
el virus Virus
visa *(Am)* Visum
visado Visum
visita Besuch
visita Besichtigung
visita (guiada) de la isla Inselrundfahrt
visita de la ciudad Stadtrundfahrt
visita guiada Führung
visitar besichtigen
visitar a alg jdn besuchen
el visor Sucher
vista Aussicht

viudo verwitwet
vivaz lebhaft
vivienda Wohnung
vivir leben,wohnen
vivo lebhaft
el volante Federball
el volante adaptado con botón de viraje Lenkraddrehknopf *(Auto)*
el volante del seguro Krankenschein
volar fliegen
el volcán Vulkan
el voleibol Volleyball
el vóley-playa Beachvolleyball
volver wiederkommen, zurückfahren, -kehren
volver(se) umkehren
vosotros/-as *(pers prn)* ihr
vuelo Flug
vuelo internacional Auslandsflug
vuelo libre Drachenfliegen
vuelo nacional Inlandsflug
vuelo sin motor Segelfliegen
vuelta Wechselgeld
vuelto *(Am)* Wechselgeld
vuestro/-a euer, eu(e)re

W

el western Western
el wifi WLAN

Y

y und
ya bereits, schon
ya que da *(Grund)*
yo ich
el yoga Yoga
el yogur Joghurt

Z

las zanahorias Karotten
zapatería Schuhgeschäft
zapatero/-a Schuhmacher/in
las zapatillas de deporte Turnschuhe
zapato Schuh
zona Gegend
zona interior Hinterland
zona peatonal Fußgängerzone
zonzo *(Am)* dumm
zoo Zoo
zumo de naranja Orangensaft

Wörterbuch Deutsch - Spanisch

Hinweis: Substantive mit der Endung **o** sind männlich; Substantive mit der Endung **a** sind weiblich. Bei Abweichungen von dieser Regel und bei anderen Endungen wird das Geschlecht der Substantive angegeben. Bei den Adjektiven ist jeweils die männliche Form angegeben.

A

Aal anguila
ab de, desde
Abblendlicht la luz de cruce
Abend la tarde, la noche
Abendessen cena
abends por la tarde
aber pero
abfahren (von) salir (de)
Abfahrt salida
Abfahrtszeit hora de salida
Abfall basura
Abfallbeutel bolsa de la basura
Abflug el despegue
Abführmittel el laxante
abgeben entregar
abholen recoger
Abkürzung abreviatura; *(Weg)* atajo
ablehnen rechazar, rehusar
abnehmen descolgar
abreisen (nach) salir/partir (para)
Absatz *(am Schuh)* el tacón; *(im Text)* párrafo
Abschleppdienst servicio de remolque
abschleppen remolcar
Abschleppseil el cable de remolque

Abschleppwagen grúa, el coche-grúa
abschließen cerrar con llave
abseits fuera de juego
Absender/in el/la remitente
Abszess absceso
Abtei abadía
Abteil departamento *(Am* compartimiento)
Achtung la atención, cuidado
Actionfilm película de acción
Adapter el adaptador
Adresse las señas, la dirección
Aerobic el aerobic
Agentur agencia
ähnlich semejante, parecido
akklimatisieren, s. ~ aclimatarse
Akt acto; *(Kunst)* desnudo
Aktzeichnen desnudo
Alarmanlage (dispositivo de) alarma
alkoholfrei sin alcohol
alkoholfreies Bier cerveza sin alcohol
alle todos
allein solo
Allergie alergia
alles todo
als *(zeitlich)* cuando; *(Vergleich)* que
also entonces
alt viejo; *(aus früheren Zeiten)* antiguo
Altar el altar
Alter la edad
Altstadt casco antiguo
Alufolie el papel de aluminio
am Sonntag el domingo
am Vormittag por la mañana
am Wochenende el fin de semana
Ampel semáforo
Amphitheater anfiteatro
Amt *(Dienststelle)* oficina, despacho
amüsieren, s. ~ divertirse
an a, en; **am Amazonas** junto al Amazonas
Ananas piña (*Am* el ananás)
Andalusien Andalucía
Andalusier/in el andaluz, la andaluza
andalusisch andaluz
andere, der/die/das ~ el otro, la otra, lo otro
anders *adj* distinto, diferente; *adv* de otra manera/forma
anderswo en otra parte

Anfang principio
anfangen empezar, comenzar
Angabe la indicación, dato
Angel caña de pescar
angeln pescar con caña
Angelschein licencia de pesca
angenehm agradable; *(Formel, sehr ~!)* con mucho gusto
Angina angina
anhalten parar
Anhänger el colgante
ankommen llegar
Ankunft llegada
Ankunftszeit hora de llegada
Anlage la instalación
Anlasser el motor de arranque
anlegen in atracar en, hacer escala en
anmelden anunciar, avisar; **s. anmelden** inscribirse
Anmeldung la recepción
Anorak el anorak
Anreisetag el día de llegada
Anruf llamada telefónica
Anrufbeantworter el contestador automático
anrufen llamar por teléfono, telefonear
Anschluss el enlace (*Am* combinación), la conexión
ansehen mirar
Ansichtskarte la postal
anstatt en vez de
ansteckend contagioso
anstrengend fatigoso
Antibabypille píldora antibaby
Antibiotikum antibiótico
antik antiguo
Antiquitätengeschäft tienda de antigüedades
antworten responder, contestar
Anwendungsgebiete los campos de aplicación
anzahlen dar como señal
Anzahlung la (paga y) señal, depósito
anzeigen denunciar
anziehen vestir; **s. anziehen** vestirse
Anzug el traje
anzünden encender
Apartment apartamento (*Am* departamento)
Apfel manzana
Apfelsinen las naranjas
Apotheke farmacia
Apparat aparato; *(Radio)* la radio; *(Foto)* cámara
Appetit apetito

Aprikosen los albaricoques
April (el) abril
Aquarell acuarela
Aquarellmalen pintar con acuarela
Arbeit trabajo; *(Anstellung)* empleo
arbeiten trabajar
arbeitslos desempleado, parado
Archäologie arqueología
Architekt/in arquitecto/-a
Architektur arquitectura
Arena plaza de toros
Argentinien Argentina
Argentinier/in argentino/-a
argentinisch argentino
ärgern, s. ~ (über) enfadarse (por)
arm pobre
Armband pulsera, el brazalete
Armbanduhr el reloj de pulsera
Ärmel manga
Art modo, manera
Artischocken las alcachofas
Aschenbecher cenicero
Aschermittwoch el miércoles de ceniza
Aspirin® aspirina
Asthma el asma
Atembeschwerden las dificultades de respiración
Atlantik Atlántico
atmen respirar
Attest certificado
Auberginen las berenjenas
auch también; **auch nicht** tampoco
auf sobre, en, por; *(offen)* abierto; **auf Spanisch** en español
Auffahrt *(Autobahn)* entrada
aufbewahren conservar
aufbrechen forzar, violentar
Aufenthalt estancia *(Am* estadía); *(Zug)* parada
Aufenthaltsraum sala de espera
Auffahrtrampe rampa de acceso
Aufführung espectáculo, la representación
aufhalten, s. ~ detenerse
aufhören acabar, terminar
aufpassen (auf) tener cuidado (con)
Aufschnitt embutido, los fiambres variados
aufschreiben anotar, apuntar

aufstehen levantarse
aufwachen despertarse
aufwärts hacia arriba
Aufzug el ascensor
Augen los ojos
Augenblick momento
Augentropfen las gotas para los ojos
August agosto
aus *(Herkunft; Material)* de; *(Grund)* por
Ausbildung la formación
Ausdruck la expresión
ausdrücklich expreso
Ausfahrt salida
Ausfahrt; – freihalten vado permanente
Ausflug la excursión
ausfüllen rellenar
Ausgang salida
ausgeben gastar
ausgehen salir
ausgezeichnet excelente, extraordinario
Ausgrabungen las excavaciones
Auskunft la información
Ausland, im – en el extranjero
Ausländer/in extranjero/a
ausländisch extranjero
Auslandsflug vuelo internacional
Auslandsgespräch llamada internacional
Auslöser el disparador
Auspuff tubo (*Am* caño) de escape
Ausreise salida, partida
Ausritt paseo a caballo
ausruhen, s. – descansar
Ausschlag la erupción cutánea
außen fuera
außer excepto
außerdem además, aparte de eso
außergewöhnlich extraordinario
außerhalb fuera de
äußerlich exterior
Aussicht vista
Aussichtspunkt el mirador, punto de observación
aussprechen pronunciar
aussteigen bajar
Ausstellung la exposición
aussuchen escoger, elegir
austauschen cambiar
Austern las ostras
Ausverkauf la liquidación, los saldos

Auswahl la selección
auszahlen pagar
Auto el coche, el auto(móvil); **Auto fahren** conducir (*Am* manejar)
Autobahn autopista
Autobahnausfahrt salida de la autopista
Autobahngebühr el peaje
Automat *(Waren~)* el distribuidor automático
Automatik(getriebe) cambio automático
automatisch automático
automatischer Türöffner portero electrónico
Autoradio la radio del coche
Autoreisezug el autotrén
Avocado el aguacate

B

Baby el bebé
Babyfon® interfono de bebés
Babylift el telebaby
Babyschale *(fürs Auto)* silla de bebé para el coche
Babysitter/in la/el canguro
Bäckerei panadería
Badeanzug el traje de baño, bañador
Badehose el bañador, el pantalón de baño
Bademantel el albornoz
Bademeister/in bañero/-a
Bademütze gorro de baño
Badeort la estación balnearia
Badeschuhe las chancletas, las chanclas
Badewanne bañera
Badezimmer cuarto de baño
Badminton el bádminton
Bahnhof la estación
Bahnsteig el andén
bald pronto; **so bald wie möglich** lo antes posible
Balkon el balcón
Ball pelota; *(Fest)* el baile
Ballett el ballet
Banane plátano, (*Am* banana)
Band banda, conjunto
Bänderriss rotura de ligamentos
Bank banco; *(Sitz~)* banco
Bar el bar
bar al contado, en efectivo
bar zahlen pagar al contado
Bargeld dinero efectivo/ contante

Barock/barock barroco
barrierefrei sin barreras
Barsch perca
Bart barba
Basilikum albahaca
Baske, Baskin vasco/-a
Baskenland País Vasco
Basketball baloncesto
Baskisch *(Sprache)* vasco, euskera
Batterie pila; *(Auto, Handy)* batería
Bauch barriga, el vientre
Bauernhof finca, granja (*Am* estancia), hacienda
Baum el árbol
Baumwolle el algodón
Baustelle obra
Bauwerk edificio
beachten observar, tener en cuenta
Beach-Volleyball el vóley-playa
beantworten contestar
Bearbeitungsgebühr las comisiones
bedauern lamentar
Bedeutung *(Sinn)* significado; *(Wichtigkeit)* importancia
Bedienung servicio
beeilen, s. ~ darse prisa (*Am* apurarse)
beeindruckend impresionante
befinden, s. ~ encontrarse
befreundet sein ser amigo (de)
befürchten temer
begegnen encontrar
begeistert (von) entusiasmado (con)
begleiten acompañar
Begleitperson el/la acompañante
begrüßen saludar
behalten conservar, guardar
Behälter el recipiente
behandeln tratar
behaupten afirmar
Behindertenausweis el carnet de minusválido
behindertengerecht adecuado para minusválidos
Behindertenparkplatz aparcamiento para discapacitados
Behindertentoilette los servicios para discapacitados
Behindertenverband la asociación de discapacitados
Behörde la autoridad pública

bei *(örtlich)* junto a, cerca de
beide ambos, los dos
Beifall aplauso
beige beige, beis
Bein pierna
Beispiel ejemplo; **zum Beispiel** por ejemplo
beißen morder
bekannt conocido; **bekannt machen** presentar
Bekannte, der/die ~ conocido/conocida
Bekanntschaft conocimiento (de); *(Freundeskreis)* las amistades
beklagen, s. ~ (über) quejarse (de)
bekommen recibir
belästigen molestar, fastidiar
belegtes Brötchen bocadillo (*Am* el sándwich)
Beleidigung ofensa
Belgien Bélgica
Belichtungsmesser fotómetro
Belohnung recompensa, la gratificación
bemerken advertir, darse cuenta
bemühen, s. ~ tomarse la molestia de
benachrichtigen avisar, informar
benutzen usar, emplear; *(Verkehrsmittel)* tomar
Benzinkanister el bidón (*Am* el tanque) de gasolina
Benzinpumpe bomba de gasolina
bequem cómodo
berechnen calcular, contar
bereits ya
Berg montaña
Bergdorf pueblo de montaña
Bergstation la estación de esquí
Bergsteigen escalar
Beruf la profesión
beruhigen, s. ~ calmarse, tranquilizarse
Beruhigungsmittel el tranquilizante
berühmt famoso, célebre
berühren tocar
beschädigen estropear, deteriorar
bescheinigen certificar
Bescheinigung certificado
beschlagnahmen confiscar
beschließen resolver, decidirse

beschreiben describir
beschweren, s. ~ (über) quejarse (de)
besetzt *(Platz)* ocupado
besichtigen visitar
Besichtigung visita
Besitzer/in propietario/-a
besonders especialmente
besorgen procurar, proporcionar
besser mejor
bestätigen confirmar
beste(r, -s) la/el/lo mejor
Besteck los cubiertos
bestehen aus constar de
Bestellung pedido
bestimmt *adj* determinado, cierto; *adv* seguro
Besuch visita
besuchen, jdn ~ visitar a alg, ir a ver a alg
Besuchszeit horario de visita
beten rezar
Betrag el importe, suma
Betreuungsdienst servicio de ayuda
Betrug *(Gaunerei)* engaño; *(Handel)* el fraude
betrunken borracho, (*Am* apimpado); *(leicht ~)* alegre, bebido, (*Am* alegrón)
Bett cama; **zu Bett gehen** acostarse, ir(se) a la cama
Bettdecke colcha; (wollen) manta
Bettwäsche ropa de cama
beunruhigen, s. ~ intranquilizarse
bevor antes de
bewölkt nublado
bewusstlos desmayado, desvanecido
bezahlen pagar
bezaubernd encantador
Biene abeja
Bier cerveza
bieten ofrecer
Bikini el biquini
Bild *(Foto)* la foto(grafía); *(Gemälde)* cuadro, pintura
Bildhauer/in el escultor/la escultora
billig barato
Bindfaden el cordón
Bioladen tienda macrobiótica
Birnen las peras
bis hasta; **bis jetzt** hasta ahora
bisschen, ein ~ un poco

Bitte el favor
bitten, jdn um etw ~ pedir(le) algo a alg
bitter amargo
Blähungen flato, la ventosidad
Blase *(Harnblase)* vejiga; *(Hautblase)* ampolla
Blatt hoja
blau azul
Blazer el blazer
bleiben quedarse
Blick mirada
blind ciego
Blinde/r ciego/-a
Blinddarmentzündung la apendicitis
Blindenhund perro lazarillo
Blinklicht el intermitente
Blitz rayo
Blitzgerät el flash
Block cuaderno
blöd(e) tonto, estúpido
blond rubio
Blues el blues
Blume la flor
Blumengeschäft floristería
Blumenkohl la coliflor
Bluse blusa
Blut la sangre
Blutdruck (hoher/niedriger) la tensión (alta/baja)
bluten sangrar
Blutgruppe grupo sanguíneo
Blutung hemorragia
Blutvergiftung la intoxicación de la sangre
Bö ráfaga, racha
Boden suelo; *(Fuß~)* piso
Body el body
Bodybuilding culturismo
Bogen arco
Bohnen las judías (*Am* los porotos, los frijoles)
Bonbons los caramelos
Bootsführerschein el carnet naútico
Bordkarte tarjeta de embarque
Bordrollstuhl silla de ruedas a bordo
böse malo; *(verärgert)* enfadado
Botanischer Garten el jardín botánico
Botschaft *(dipl. Vertretung)* embajada
Boulespiel petanca
Boutique la boutique
Bowling los bolos

Braille el braille
Brandsalbe pomada para quemaduras
brauchen necesitar
braun marrón; *(gebräunt)* moreno, tostado
Brechreiz las náuseas
breit ancho
Breite ancho
Bremse freno
Bremsflüssigkeit líquido de freno
Bremslichter las luces de frenado
Brennspiritus el alcohol (para quemar)
Brief carta
Briefkasten el buzón
Briefmarke sello (*Am* estampilla)
Briefmarkenautomat el expendedor de sellos
Briefpapier el papel de cartas, el papel de escribir
Brieftasche cartera
Briefumschlag el sobre
bringen *(her~)* traer; *(weg~)* llevar
Brombeeren las moras
Bronchien los bronquios
Bronchitis la bronquitis
Bronze el bronce
Brosche el broche
Brot el pan
Brötchen panecillo
Bruch *(Leisten~)* hernia; *(Knochen~)* fractura
Brücke el puente
Bruder hermano
Brunnen la fuente
Brust pecho
Buch libro
buchen *(Platz)* reservar
Buchhandlung librería
buchstabieren deletrear
Bucht bahía, golfo
Buchung reserva
bügeln planchar
Bungalow el bungalow
Bungeejumping el puenting
bunt de colores, multicolor
Burg castillo
Büro oficina, despacho
Bürste cepillo
Bus el autobús
Busbahnhof la estación de autobuses
Busch mata, arbusto
Bußgeld multa

Büstenhalter el sujetador, el sostén (*Am* el brasier)
Butter mantequilla (*Am* manteca)
Buttermilch leche batida
Bypass el bypass
byzantinisch bizantino

C

Café el café
Camcorder la camcórder
Camping el camping
Campingausweis el carnet de campista
Campingführer guía de campings
Campingplatz el camping
CD el CD
CD-Spieler el reproductor de CD
Champagner el cava, el champán
Check-in la facturación
Chef/in el jefe/la jefa
chemisch reinigen limpiar en seco
Chicoree endibia
Chipkarte tarjeta con chip
Chirurg/in cirujano/-a
Cholera el cólera
Chor coro
Christentum cristianismo
Clubhaus casa club
Cousin/e primo/-a
Creme crema
Curling el curling

D

da *(dort)* allí, allá; *(Grund)* como, ya que, porque
Dach tejado
dafür sein estar conforme (con)/a favor (de)
dagegen sein estar en contra (de), no estar conforme (con)
daheim en casa
damals entonces
Damen señoras
Damenbinden las compresas
Dampfer el vapor
danach después, luego
danken dar las gracias, agradecer
dann *(anschließend)* entonces; *(in dem Falle)* en ese caso
Darm intestino
dass que

dasselbe lo mismo
Datteln los dátiles
Datum fecha
dauern durar
Dauerwelle la permanente
Deck cubierta
Decke techo
Defekt avería, defecto
Deich el dique
dein tu
denken an pensar en
Denkmal monumento
Denkmalschutz la protección de los monumentos
denn porque, pues
Deo(dorant) el desodorante
deshalb por eso/esto/ello
Desinfektionsmittel el desinfectante
desinfizieren desinfectar
deutlich claro
deutsch alemán
Deutsche, der/die ~ el alemán/la alemana
Deutschland Alemania
Devisen las divisas
Dezember (el) diciembre
Diabetes la diabetes
Diabetiker/in diabético/-a
Diagnose el diagnóstico
Diät dieta, el régimen
dich te, a ti
dick gordo
Dieb/in el ladrón/la ladrona
Diebstahl robo
Dienstag el martes
diese(r, -s) esta, este, esto
Digitalkamera cámara fotográfica digital
Ding cosa
Diphtherie difteria
dir te, a ti; **mit dir** contigo
direkt *adj* directo, inmediato; *adv* directamente
Direktion la dirección
Dirigent/in el director/la directora (de orquesta)
Disko discoteca
doch *(Bejahung)* sí, ¿cómo no?; *(aber)* pero, sin embargo
Dokumentarfilm el documental
Dom la catedral
Donnerstag el jueves
Doppel el doble
doppelt doble
Dorf pueblo, aldea
dort allí, allá, ahí
Dose caja, lata
Dosenöffner el abrelatas

Drachenfliegen vuelo libre, el ala delta
Draht el alambre
Drama el drama
draußen fuera, afuera
Dreikönigstag el Día de Reyes
Dressing aliño
drin, drinnen dentro
dringend urgente; *adv* urgentemente
dritte(r, -s) tercera, tercer(o)
Drogerie droguería
du tú
dumm tonto, estúpido, bobo, (*Am* zonzo)
dunkel oscuro
dunkelblau/dunkelgrün azul oscuro/verde oscuro
dünn delgado
durch *(quer ~)* a través de; *(Mittel)* por, mediante; *(Passiv)* por
Durchfahrt; ~ verboten prohibido el paso
Durchfall diarrea, colitis
durchgebraten bien asado
Durchreise, auf der ~ de paso
durchschnittlich *adj* medio, mediano; *adv* por término medio
dürfen poder
durstig sein tener sed
Dusche ducha
Duschgel el gel de ducha
Duschsitz ducha con asiento
Dynastie dinastía

E

Ebbe marea baja
Ebene llanura
ebenerdig plano
echt verdadero, auténtico
Ecke esquina, el rincón
Ehefrau esposa, la mujer
Ehemann esposo, marido
Eier los huevos
eigen propio
eigentlich en realidad
Eigentümer/in propietario/-a
Eilbrief carta urgente
eilig deprisa, de prisa; **es eilig haben** tener prisa
ein(e) uno/una/un
einchecken facturar
einfach fácil, sencillo
Einfahrt entrada
einfarbig de un (solo) color
Eingang entrada
einheimisch nativo

einige algunos, unos/algunas, unas
einkaufen comprar, ir de compras
einladen invitar
einmal una vez
einpacken empaquetar
Einreise entrada
einsam solitario, solo
einschalten *(Licht)* encender
Einschreibebrief carta certificada
einsteigen subir
Einstiegshilfe ayuda para subir
Eintritt entrada
Eintrittskarte entrada (*Am* boleto)
Eintrittspreis precio de (la) entrada
Einwohner/in el/la habitante
Einzel el (partido) individual
einzig único
Eis *(Speiseeis)* helado; *(Wasser)* hielo
Eisbahn pista de hielo
Eisenwarengeschäft ferretería
Eishockey el hockey sobre hielo
Eislauf el patinaje sobre hielo
Eiter el pus
Elastikbinde venda elástica
elektrisch eléctrico
Elektrohandlung tienda de artículos eléctricos
Elektroherd cocina eléctrica
Elektrolytlösung la solución electrolítica
Elektrorollstuhl silla de ruedas eléctrica
Eltern los padres
empfangen recibir
Empfänger destinatario
Empfangshalle el hall
empfehlen recomendar
Ende el fin, el final
endgültig *adj* definitivo; *adv* definitivamente
endlich finalmente, por fin
Endreinigung limpieza final
Endstation la estación final
eng estrecho
englisch inglés
Enkel/in nieto/-a
entdecken descubrir
Entfernung distancia
entgegengesetzt opuesto, contrario
entscheiden decidir

entschuldigen, s. ~ disculparse, pedir perdón
Entschuldigung excusa, el perdón
enttäuscht desilusionado
entweder ... oder o... o
entwerten sellar, validar
entwickeln desarrollar; *(Foto)* revelar
entzückend encantador
Entzündung la inflamación
Epilepsie epilepsia
Epoche época
er él
Erbsen los guisantes (*Am* las arvejas, las alverjas)
Erdbeeren las fresas, los fresones (*Am* las frutillas)
Erde tierra
Erdgeschoss planta baja (*Am* los bajos)
erfahren *verb* oír, saber, enterarse de
erfreut (über) contento (de), satisfecho (de)
Erfrischung refresco
erhalten recibir
erholen, s. ~ reponerse, descansar
erinnern, jdn an etw ~ recordar algo a alg; **s. erinnern (an)** acordarse (de), recordar
Erkältung resfriado (*Am* resfrío)
erlauben; Haustiere (nicht) erlaubt (no) se permiten mascotas
Ermäßigung rebaja, descuento
ernst serio; *(bedrohlich)* grave
erreichen conseguir, lograr, alcanzar
Ersatz *(Schaden~)* la indemnización
Ersatzrad rueda de repuesto
erschöpft agotado
erschrecken asustar
ersetzen sustituir; *(Schaden)* reparar, indemnizar
erst *(zuerst)* primero, en primer lugar; *(nicht früher als)* solo (*Am* recién)
erste(r, -s) primera, primer(o)
erster Gang primera (marcha)
Erwachsene(r) adulto/-a
erwarten esperar; *(rechnen mit)* contar con
erzählen contar

Esel burro, asno
essbar comestible
essen comer
Essen comida
Essig el vinagre
Etage piso
Etagenbett las literas
etwa *adv* aproximadamente
etwas algo; *(ein wenig)* un poco
EU-Bürger/in ciudadano/-a de la Unión Europea
euch *(unbetont)* os; **mit euch** con vosotros/vosotras
euer vuestro/-a
Euro euro
Europa Europa
Europäer/in europeo/-a
europäisch europeo
Exponat objeto expuesto
Expressionismus expresionismo
extra aparte, especialmente

F

Fabrik fábrica
Fahrdienst servicio de transporte
Fähre el transbordador (*Am* el ferryboat)
fahren ir; *(lenken)* conducirn (*Am* manejar)
Fahrer/in el conductor/la conductora
Fahrgast viajero/-a, pasajero/-a
Fahrkarte el billete (*Am* boleto)
Fahrkartenautomat máquina expendedora de billetes (*Am* boletos)
Fahrkartenschalter ventanilla (*Am* boletería)
Fahrplan horario
Fahrpreis precio del billete
Fahrrad bicicleta, la bici
Fahrradhelm casco de bici(cleta)
Fahrradweg carril bici
Fahrschein el billete (*Am* boleto)

Fahrscheinentwerter máquina canceladora de billetes (*Am* boletos)
Fahrstuhl el ascensor
Fahrt el viaje
fair correcto
fallen caer
falls en caso de que
Fallschirmspringen paracaidismo
falsch falso, incorrecto
Faltrollstuhl silla de ruedas plegable
Famllle famllla
Familienname apellido
fangen coger (*Am* agarrar)
färben teñir
farbig de colores, multicolor
Farbstift pintura, el lápiz de color
Fassade fachada
fast casi
Fasten ayuno
faul perezoso, holgazán; *(Obst)* podrido
faulenzen no hacer nada
Fax el fax
Februar febrero
Federball el volante
fehlen faltar
Fehler *(den man macht)* falta; *(den man hat)* defecto
Fehlgeburt aborto (espontáneo)
Feigen los higos
fein *(dünn)* fino, delgado
Feinkostgeschäft tienda de comestibles (*Am* fiambrería)
Feld campo
Fell la piel
Fels roca, peña
Felswand la pared escarpada
Fenchel hinojo
Fenster ventana
Fensterplatz asiento junto a la ventanilla
Ferien las vacaciones
Ferienanlage la urbanización de vacaciones
Ferienhaus casa de vacaciones
Ferienwohnung apartamento turístico
Ferngespräch llamada interurbana/de larga distancia
Fernlicht la luz de carretera
Fernseher el televisor
Fernsehraum sala de televisión
fertig listo
Fest fiesta

fest firme, fijo; *(hart)* duro; *(dauernd)* resistente
Festival el festival
Festland tierra firme
Festung fortaleza, ciudadela
fett gordo, grueso
fettarme Milch la leche desnatada
feucht húmedo
Feuer fuego
feuergefährlich inflamable
Feuerlöscher el extintor
Feuermelder el avisador de incendios
Feuerwehr los bomberos
Feuerwerk los fuegos artificiales
Fieber la fiebre
Fieberthermometer termómetro
Film película, el film(e)
Filmempfindlichkeit la sensibilidad
Filmschauspieler/in el actor/ la actriz de cine
finden encontrar
Finger dedo
Firma empresa
Fisch el pez; *(zum Essen)* pescado
Fischerort el lugar de pesca
Fischgeschäft pescadería
Fischhändler/in pescadero/-a
fit en (buena) forma
Fitnesscenter gimnasio
FKK-Strand playa nudista
flach bajo, llano
Fläschchenwärmer el calienta-biberones
Flasche botella
Flaschenöffner el abridor
Flaute calma chicha
Fleck(en) mancha
Fleisch la carne
Flickzeug *(Rad)* el kit de reparación
Fliege mosca
fliegen volar, ir en avión
Flohmarkt rastro, mercadillo
Flug vuelo
Flügel (el) ala
Fluggesellschaft compañía aérea, aerolínea
Flughafen aeropuerto
Flughafenbus el autobús del aeropuerto
Flughafengebühr las tasas de aeropuerto
Flugsteig puerta
Flugzeug el avión

Fluss río
flüssig líquido
Flut marea alta
Föhn el secador de pelo
föhnen secar
Folklore el folclore
Folkloreabend espectáculo folclórico
Form forma
Formular impreso, formulario
fort fuera, ausente
Foto la foto(grafía)
Fotoapparat cámara fotográfica
Fotogeschäft tienda de fotografía
Fotografie fotografía
fotografieren fotografiar
Frage pregunta
fragen preguntar
frankieren franquear
Frankreich Francia
Franzose/ösin el francés/la francesa
Französisch *(Sprache)* francés
Frau señora
Fräulein señorita
frei libre
Freilichtkino el cine al aire libre
Freitag el viernes
Freizeitpark el parque de atracciones
fremd *(unbekannt)* desconocido
Fremde, der/die – forastero/forastera
Fremdenführer/in el/la guía (turístico/-a)
Fremdenverkehrsamt oficina de turismo
Fremdenzimmer el hostal, la pensión, la habitación de huéspedes
freuen, s. – (über, auf) alegrarse (de)
Freund/in amigo/amiga
freundlich amable
Friedhof cementerio
frieren tener/pasar frío
frisch fresco; *(neu)* nuevo, reciente
Frischhaltefolie plástico para conservación de alimentos, film transparente
Friseur/in peluquero/-a
frisieren peinar
Frisur peinado
frittiert frito

froh *(zufrieden)* contento, satisfecho
Fronleichnam el Corpus (Christi)
Frost helada
Frostschutzmittel el anticongelante
früh pronto
früher *(eher)* antes
Frühling primavera
Frühstück desayuno
frühstücken desayunar
Frühstücksbüfett el bufé libre (para desayunar)
Frühstücksraum sala de desayuno
fühlen sentir
Führer *(Buch)* guía
Führer/in el/la guía
Führerschein permiso de conducción, el carnet de conducir
Führung visita guiada
Fundbüro oficina de objetos perdidos
Funde los objetos hallados
funktionieren funcionar
für para, por
fürchten temer; **s. fürchten vor** tener miedo de
fürchterlich horrible, terrible
Fuß el pie
Fußball el fútbol
Fußballplatz campo (*Am* cancha) de fútbol
Fußballspiel partido de fútbol
Fußgänger/in el peatón/la peatona
Fußgängerzone zona peatonal

G

Gabel el tenedor
Galerie galería
Galicien Galicia
Galicier/in gallego/gallega
Galicisch *(Sprache)* gallego
Gallenblase vesícula
Gang *(Auto)* marcha, la velocidad; *(Hausflur)* pasillo, *(Essen)* plato
ganz todo; *(pl)* todos; *(vollständig)* completo, entero; *adv* completamente, del todo
gar en su punto, bien cocido/asado
Garage el garaje
Garantie garantía
Garderobe el guardarropa

Garnelen las gambas (*Am* los camarones)
Garten el jardín
Gasflasche bombona (*Am* garrafa) de gas
Gasherd cocina de gas
Gaskartusche cartucho de gas
Gaskocher el camping gas
Gaspedal el pedal del gas
Gasse callejuela
Gast el/la huésped
Gastfreundschaft la hospitalidad
Gastgeber/in el anfitrión/ la anfitriona
Gebäck las pastas, las galletas
gebacken frito
Gebäude edificio
geben dar
Gebirge cordillera
geboren nacido
gebraten asado
gebräuchlich usual
gebrochen roto
Gebühren las tasas, las tarifas
Geburtsdatum fecha de nacimiento
Geburtsname el nombre de soltera
Geburtsort el lugar de nacimiento
Geburtstag el cumpleaños
gedämpft rehogado, al vapor
Gedeck cubierto
Gedenkstätte el lugar conmemorativo
Geduld paciencia
gedünstet al vapor
Gefahr peligro
gefährlich peligroso
gefallen gustar, agradar
Gefängnis la cárcel
Gefühl sentimiento
gefüllt relleno
gegen contra; *(in Richtung auf, zeitlich)* hacia
gegen Mittag hacia el mediodía
Gegend la región, zona
Gegenstand objeto
Gegenteil lo contrario; **im Gegenteil** al contrario
gegenüber enfrente de, frente a
Geheimzahl número secreto, la clave
gehen ir; *(zu Fuß)* ir a pie, andar
Gehirn cerebro

Gehirnerschütterung la conmoción cerebral
Gehirnschlag apoplejía, hemorragia cerebral
Gehör oído
gehören pertenecer a, ser de
gehörlos sordo
gekocht cocido
gekochter Schinken el jamón de york, el jamón cocido
Gelände terreno
gelb amarillo
Gelbe Seiten® las páginas amarillas
Geld dinero
Geldautomat cajero automático
Geldbeutel monedero
Geldkarte tarjeta monedero
Geldschein el billete (de banco)
Geldwechsel cambio
gelegentlich *adv* en ocasiones, a veces
Gelenk la articulación
Gemälde pintura, cuadro
gemeinsam *adj* común; *adv* en común, juntos
gemischt mezclado
Gemüse las verduras; *(Hülsenfrüchte)* las legumbres
gemütlich cómodo, agradable
genau exacto, preciso
genauso ... wie lo mismo... que
genießen gozar de, disfrutar de
genug bastante, suficiente
geöffnet abierto
Gepäck el equipaje
Gepäckabfertigung la facturación de equipajes
Gepäckaufbewahrung consigna (de equipajes)
Gepäckausgabe entrega de equipaje
Gepäckschalter ventanilla de equipajes
Gepäckwagen carro portaequipajes
gerade derecho; *(zeitlich)* en este momento (*Am* recién)
geradeaus todo seguido/derecho
geräuchert ahumado
Geräusch ruido
Gericht *(Essen)* plato; *(Justiz)* el tribunal

gern con gusto, de buena gana; **nicht gern** de mala gana
geröstet tostado
Geruch el olor
Geschenk regalo
Geschichte historia
Geschirr vajilla
Geschirrspülbecken fregadero
Geschirrspülmaschine el lavaplatos, el lavavajillas
Geschirrtuch paño de cocina
geschlossen cerrado
Geschmack gusto, el sabor
geschmort estofado
Geschwindigkeit la velocidad
geschwollen hinchado
Geschwulst el tumor
Geschwür úlcera
Gesicht cara, rostro
Gespräch la conversación
gestern ayer
gesund sano
Getränk bebida
Getriebe caja de cambio
Gewicht peso
Gewinn ganancia
gewinnen ganar
Gewitter tormenta
gewöhnlich general, usual; *adv* normalmente; *(wie ~)* como de costumbre
gewohnt sein estar acostumbrado; ser habitual
Gewölbe bóveda
Gewürz especia, condimento
gibt, es ~ hay
Giebel frontispicio
Gift veneno
giftig venenoso
Gipfel pico, cumbre
Glas vaso; *(für Wein, Sekt)* copa
Glasmalerei pintura sobre cristal
Glatteis la superficie helada
glauben creer
gleich igual; *(sofort)* immediatamente, en seguida (*Am* ahorita)
gleichzeitig al mismo tiempo
Gleis el andén
Gleitschirm el casquete de parapente
Glück felicidad; *(günstige Fügung)* la suerte
glücklich feliz, dichoso
Glückwunsch la felicitación, enhorabuena

Glühbirne bombilla
Gold oro
goldfarben dorado
Goldschmiedekunst orfebrería
Golf el golf
Golfclub el club de golf
Golfschläger palo de golf
Gotik gótico
Gott Dios
GPS el GPS
Grab tumba
Grabmal tumba, monumento fúnebre
Grafik grabado
Gramm gramo
Grapefruit pomelo
Gräte espina
gratis gratis, gratuitamente
gratulieren felicitar
grau gris
Grenze frontera, el límite
Grenzübergang paso fronterizo
griechisch griego
Grill parrilla, barbacoa
Grillanzünder el encendedor
Grillkohle el carbón para la barbacoa
Grippe la gripe
groß grande; *(Statur)* alto
Größe *(Umfang)* tamaño; *(Länge)* la longitud; *(Höhe)* altura; *(Kleider~)* talla; *(Schuh~, Hemd~, Hut~)* número
Großmutter abuela
Großraumwagen el vagón abierto
Großvater abuelo
Grotte gruta
grün verde
Grund la razón, causa; *(Beweg~)* motivo
grüne Bohnen las judías verdes (*Am* las chauchas)
grüne Versicherungskarte carta verde (del seguro)
Gruppe grupo
grüßen saludar
gültig válido
Gummistiefel las botas de goma
Gurke pepino
Gürtel el cinturón
gut *adj* bueno, buen; *adv* bien
Gutschein el vale
Gymnastik gimnasia

H

Haar pelo, cabello, vello
Haarfestiger el fijador (para el pelo)
Haargel el gel para el pelo
Haargummi elástico para el pelo, goma del pelo
Haarklammern las horquillas
haben *(besitzen)* tener
Hackfleisch la carne picada
Hafen puerto
Haferflocken los copos de avena
Hähnchen pollo
Haken gancho
halb *adj* medio
Halbpension media pensión
Hälfte la mitad
Hals cuello; *(Kehle)* garganta
Halsschmerzen el dolor de garganta
Halstabletten las pastillas para la garganta
Halstuch pañuelo para el cuello
halt! ¡alto!
haltbar sólido, duradero
Haltegriff asidero
halten cumplir, observar; *(dauern)* durar; *(stehen bleiben)* detener(se), parar(se)
halten; ~ verboten prohibido parar y estacionar
Haltestelle parada
Hammelfleisch la carne de carnero
Hammer martillo
Hand la mano
Handball balonmano
Handbike triciclo manual
Handbremse freno de mano
Handcreme crema hidratante para las manos
Handgas *(Auto)* el acelerador manual
handgemacht hecho a mano, manual
Handlauf barandilla
Handschuhe los guantes
Handtasche cartera, bolsa (de mano)
Handtuch toalla
Handwaschbecken lavabo
Handy teléfono móvil (*Am* celular)
hart duro
hässlich feo

häufig *adj* frecuente; *adv* frecuentemente, a menudo
Hauptbahnhof la estación central
Hauptrolle el papel principal
hauptsächlich *adj* principal; *adv* principalmente
Hauptsaison temporada alta
Hauptspeise comida principal
Hauptstadt la capital
Hauptstraße la calle principal
Haus casa
Hausbesitzer/in dueño/-a de la casa
Hausboot la embarcación habitable
hausgemacht casero
Hausnummer número de la casa
Haustiere los animales domésticos
Haut la piel
heilig santo, sagrado
Heiliger Abend Nochebuena
Heimat patria
Heimreise regreso (a casa)
heiraten casarse
heiser sein estar ronco
heiß muy caliente; *(Wetter)* caluroso
heißen *(sich nennen)* llamarse; **das heißt** es decir, significa
Heizung la calefacción
helfen, jdm ~ ayudar a alg
hellblau/hellgrün azul claro/ verde claro
Hemd camisa
Herbst otoño
Herd cocina
herein! ¡adelante!, ¡pase!
hereinkommen entrar
Hering el arenque; *(Zelt)* piqueta
Herr el señor
Herren caballeros, hombres
herrlich magnífico
Herz el corazón
Herzanfall el ataque cardíaco
Herzbeschwerden los trastornos cardíacos
Herzinfarkt infarto cardíaco
herzlich cordial
Herzschrittmacher el marcapasos
Heuschnupfen la fiebre del heno
heute hoy
heute Abend esta tarde, esta noche

heute Morgen esta mañana
Hexenschuss lumbago
hier aquí
Hilfe ayuda; **erste Hilfe** los primeros auxilios
Himmel cielo
hindern impedir
hinlegen, s. ~ echarse, acostarse
hinten detrás
hinter detrás de
Hinterland zona interior, el interior del país
hinterlegen depositar
hinzufügen añadir
Hitze el calor
Hitzewelle ola de calor
hoch alto
Hochformat formato vertical
Hochspannung la alta tensión
höchstens al máximo, a lo más
Hochzeit boda
Hof patio
hoffentlich ojalá
höflich cortés
Höhe altura
Höhepunkt punto culminante
Höhle cueva
Holz madera
Holzschnitt grabado/talla en madera
Honig la miel
hören oír
Hörer el receptor
hörgeschädigt con sordera
Hose el pantalón
Hotel el hotel
hübsch guapo, bonito, lindo
Hüfte cadera
Hügel colina
Hund perro
hungrig sein tener hambre, estar hambriento
Hupe bocina, el claxon
Husten la tos
Hustensaft el jarabe (para la tos)
Hut sombrero
Hütte cabaña (*Am* bohío)

I

ich yo
Idee idea
ihr *(pers prn)* **vosotros/ vosotras**; *(poss prn)* **el suyo/ la suya/lo suyo**; *(vor Substantiv sing/pl)* **su/sus**;

(dat von sie) (a) ella; *(unbetont)* le
Illustrierte revista (ilustrada)
Imbiss bocado; *(Raum)* el snack-bar
immer siempre
Impfpass cartilla de vacunación, el certificado de vacunación
Impfung vacuna
Impressionismus impresionismo
in en; *(Richtung)* a
inbegriffen incluido
Infektion la infección
informieren informar
Infusion la infusión
Inhalt contenido
inklusive incluido
Inlandsflug vuelo nacional
Inliner el patín en línea
innen dentro
Innenhof patio interior
Inschrift la inscripción
Insekt insecto
Insektenmittel el insecticida
Insel isla
Inselrundfahrt visita (guiada) de la isla
Insulin insulina
Inszenierung la escenificación
interessant interesante
interessieren, s. ~ (für) interesarse (por)
international internacional
Interrail el interrail
Irrtum el error
Ischias ciática

J

Jacke chaqueta (*Am* saco)
Jahr año
Jahreszeit la estación
Jahrhundert siglo
jährlich *adj* anual; *adv* al año, anualmente
Jahrmarkt feria
Januar enero
Jazz el jazz
Jazzgymnastik el gym-jazz
Jeans los tejanos, los vaqueros
jeden Tag todos los días, cada día
jeder *adj* cada
jemand alguien
jene(r, -s) aquella, aquel, aquello
jetzt ahora

joggen correr, hacer footing
Jogginghose el pantalón de deporte
Joghurt el yogur
jucken picar
Jugendliche(r) muchacho/muchacha
Jugendstil modernismo
Juli julio
jung joven
Junge muchacho, chico
Junggeselle/sellin soltero/-a
Juni junio
Juwelier joyería

K

Kabarett el cabaré
Kabarettist/in cabaretista
Kabine cabina
Kaffee el café
Kaffeemaschine cafetera
Kai el muelle
Kaiser/in el emperador/la emperatriz
Kalbfleisch la carne de ternera
kalt frío
kaltes Wasser (el) agua fría
Kamillentee la manzanilla
Kamm el peine
kämmen peinar
Kanal el canal
Kaninchen conejo
Kanu canoa
Kapelle capilla
Kapitän/in el capitán/la capitana
kaputt estropeado, roto
Karaffe garrafa
Karfreitag el Viernes Santo
Karneval el carnaval
Karotten las zanahorias
Kartoffeln las patatas
Käse queso
Kasse caja
Kastilien Castilla
Kastilier/in castellano/-a
kastilisch castellano
Katalane, Katalanin el catalán/la catalana
Katalanisch catalán
Katalonien Cataluña
Kathedrale la catedral
Katze gato
kaufen comprar
Kaufhaus los grandes almacenes
Kaugummi el chicle
kaum apenas
Kaution fianza, depósito

Kegeln los bolos
kein ninguno, ninguna, ningún
Kekse las galletas, las pastas
Kellner/in camarero/-a
kennen conocer; **jdn ~ lernen** conocer a alg
Keramik cerámica
Kerzen las velas
Ketchup el kétchup
Kette el collar, cadena
Keuchhusten tosferina (*Am* la tos convulsa)
Kfz-Schein permiso de circulación
Kichererbsen los garbanzos
Kiefer mandíbula
Kilogramm kilo, kilogramo
Kilometer kilómetro
Kilometerpreis precio por kilómetro
Kind niño/-a
Kinderarzt/ärztin el/la pediatra
Kinderbecken piscina infantil
Kinderbetreuung guardería infantil
Kinderbett cuna
Kinderermäßigung descuento para niños
Kinderfahrkarte el billete (*Am* boleto) infantil
Kinderkleidung ropa infantil
Kinderkrankheit la enfermedad infantil
Kinderlähmung la polio(mielitis)
Kindernahrung comida para bebés
Kindersitz silla de niño, *(fürs Auto)* silla de niños para el coche, *(fürs Fahrrad)* silla de niños para la bicicleta
Kindersitzkissen *(fürs Auto)* el alzador infantil
Kinderspielplatz el parque de recreo infantil
Kinderteller plato infantil
Kino el cine
Kirche iglesia
Kirchturm la torre, campanario
Kirmes feria
Kirschen las cerezas
Kiste caja
kitschig cursi
klar claro
Klasse la clase
Klassik música clásica
Klassiker un clásico del cine

Klassizismus clasicismo
Kleid vestido
Kleiderbügel percha
Kleidung ropa, los vestidos
klein pequeño; *(Statur)* bajo
Kleingeld las monedas, dinero suelto
Kleinkunstbühne el cabaré artístico
Klima el clima
Klimaanlage aparato de aire acondicionado
Klingel el timbre
Kloster monasterio, convento
klug inteligente, listo
Kneipe el bar, taberna, tasca
Knie rodilla
Knoblauch ajo
Knöchel tobillo
Knochen hueso
Knochenbruch fractura
Koch cocinero
Kochbuch libro de cocina
kochen cocinar; *(Wasser)* hervir, cocer
Kocher hornillo, horno
Kochnische el rincón-cocina
Koffer maleta
Kofferraum maletero
Kohl repollo, berza, la col
Kokosnuss coco
Kolik cólico
Kollege/Kollegin el/la colega
kommen venir, ir
Komödie comedia
Kompass brújula
Komponist/in el compositor/ la compositora
Konditorei pastelería, confitería
Kondom preservativo, el condón
König/in el rey/la reina
können poder; *(gelernt haben)* saber
Konserven las conservas
Konsulat consulado
Kontakt contacto
Konto cuenta bancaria
Kontrolleur/in el revisor/la revisora
kontrollieren controlar
Konzert concierto
Kopf cabeza
Kopfhörer los auriculares
Kopfkissen almohada
Kopfsalat lechuga
Kopfschmerzen el dolor de cabeza

Kopfschmerztabletten las pastillas para el dolor de cabeza
Kopie copia
Korb cesto
Korkenzieher el sacacorchos
Körper cuerpo
Körperbehinderung la discapacidad
kosten costar, valer; *(probieren)* probar
Kosten los gastos
kostenlos gratis, gratuito
Kostüm el traje de chaqueta
Kotelett costilla
Koteletten las patillas
Krabben las gambas
Krampf el calambre, espasmo
krank enfermo
Krankenhaus el hospital, clínica
Krankenkasse seguro médico
Krankenpfleger/in enfermero/-a
Krankenschein el volante del seguro
Krankenschwester enfermera
Krankenwagen ambulancia
Krankheit la enfermedad
Kräuter las hierbas
Krawatte corbata
kreativ creativo
Krebs el cáncer
Kreditkarte tarjeta de crédito
Kreislaufmittel medicamento para la circulación de la sangre
Kreislaufstörung (los) trastornos de la circulación
Kreuz la cruz
Kreuzfahrt crucero
Kreuzgang claustro
Kreuzung el cruce
Kristall el cristal (de roca)
Krone corona
Krücke muleta
Küche cocina
Kuchen tarta, el pastel
Kugelschreiber bolígrafo (*Am* lapicero de bolilla)
kühl fresco
Kühlelement bolsita de hielo
Kühler el radiador
Kühlschrank nevera
Kühltasche la nevera portátil
Kühlwasser (el) agua del radiador
Kultur cultura
Kümmel comino

kümmern, s. ~ um preocuparse de
Kunde/Kundin el/la cliente (*Am* el/la marchante)
Kunst (el) arte
Kunstgewerbe las artes industriales, las artes aplicadas
Kunsthändler/in el/la comerciante de obras de arte
Kuppel cúpula
Kupplung el embrague
Kürbis calabaza
Kurs curso
Kurve curva
kurz breve, corto
Kurzfilm el cortometraje
kurzfristig a corto plazo
kürzlich hace poco (*Am* recién)
Kurzschluss cortocircuito
Kuss beso
küssen besar
Küste costa

L

lachen reír(se)
lächerlich ridículo
Ladegerät el cargador (de pilas)
Lage la situación
Lähmung la parálisis
Lammfleisch la carne de cordero
Lampe lámpara
Land el país; *(Gegensatz zu Wasser)* tierra
Landausflug la excursión
Landgut finca rústica (*Am* finca rural)
Landkarte el mapa
Landschaft el paisaje
Landsmann/männin el/la compatriota (*Am* el/la connacional)
Landstraße carretera
Landung el aterrizaje
lang largo
Langlaufski el esquí de fondo
langsam *adj* lento; *adv* despacio, lentamente
langweilig aburrido
Lärm ruido
lästig pesado, molesto

Lastwagen el camión
Lauch puerro
laufen correr
laut alto
Lautsprecher el altavoz (*Am* el altoparlante)
Leben vida
leben vivir
Lebensmittelgeschäft tienda de comestibles (*Am* el almacén)
Lebensmittelvergiftung la intoxicación
Leber hígado
Leberpastete el paté de hígado
lebhaft vivo, vivaz
lecker bueno, rico, sabroso
Lederjacke chaqueta de cuero
Lederwaren los artículos de piel
Lederwarengeschäft tienda de artículos de piel/cuero
ledig soltero
leer vacío
Leerlauf punto muerto
Leerung recogida
legen poner, colocar
Leggins las mallas
leicht fácil; *(Gewicht)* ligero (*Am* liviano)
Leichtathletik atletismo
leider desgraciadamente
leihen (jdm) prestar; *(von jdm)* tomar prestado
Leihwagen el coche de alquiler
Leinen lino
leise bajo, en voz baja
Leistenbruch hernia (inguinal)
Leiter/in el director/la directora, el jefe/la jefa
Lenkrad-Drehknopf *(Auto)* el volante adaptado con botón de viraje
lernen aprender
lesen leer
letzte(r, -s) último/-a
letzten Montag el lunes pasado
Leuchtturm faro
Leute la gente
Licht la luz
Lichtmaschine la dínamo
Lichtschalter el interruptor, la llave de la luz
Lichtschutzfaktor (el) factor de protección solar
lieb bueno

Liebe el amor
lieben amar, querer
liebenswürdig amable
lieblich *(Wein)* dulce
Liebling querido/-a, cariño
Lied la canción
liegen *(Stadt, Gebäude)* estar, encontrarse; *(im Bett)* estar echado/acostado
Liegewagen el coche litera
Liegewagenplatz reserva de litera
Liegewiese el césped para tomar el sol
lila lila, malva
Limonade limonada
Linie línea
linke(r, -s) izquierdo/-a
links a la izquierda
Linse la lente
Linsen las lentejas
Lippe labio
Lippenstift el pintalabios
Liter litro
Livemusik música en directo
Loch agujero
Locken los rizos (*Am* los rulos)
Lockenwickler rulo (*Am* rulero)
Löffel cuchara
Loge palco
Loipe traza
Lorbeerblätter el laurel
Luft el aire
Luftkissenboot el aerodeslizador
Luftmatratze el colchón de aire
Luftpost, mit ~ por correo aéreo
Luftpumpe bomba de aire
Lunge el pulmón
Lungenentzündung pulmonía
lustig alegre; *(erheiternd)* divertido, gracioso; **sich über etw oder jdn ~ machen** burlarse de
luxuriös lujoso

M

machen hacer
Mädchen muchacha, chica
Magen estómago
Magenschmerzen el dolor de estómago
mager flaco; *(Fleisch)* magro
Mahlzeit comida
Mai mayo
Mais el maíz

Majonäse mayonesa, mahonesa
Makrele caballa
Malbuch cuaderno de colorear
malen pintar
Maler/in el pintor/la pintora
Malerei pintura
man se; **man muss** hay que
manchmal a veces, algunas veces
Mandarinen las mandarinas
Mandelentzündung (las) anginas, (la) amigdalitis
Mandeln las almendras; *(med)* las amígdalas
Mann el hombre; *(Ehemann)* marido
Mannschaft *(Sport)* equipo; *(Schiff, Flugzeug)* la tripulación
Mantel abrigo
Margarine margarina
Markt mercado
Marmelade mermelada
März marzo
Maschine máquina
Masern el sarampión
Massage el masaje
Material el material
Matratze el colchón
Mauer muro, la pared
Medikament medicina, medicamento
Meer el mar
Mehl harina
mehr más
Mehrfahrtenkarte el billete (*Am* boleto) multiviaje
mein(e) mi
meinen opinar
meinetwegen por mí, por mi parte
Meinung la opinión
Melone *(Honigmelone)* el melón
Mensch persona, el hombre
Menstruation la menstruación, período
Menü el menú
merken observar, notar; **s. etw ~** tomar nota de algo
Messe feria; *(rel)* misa
Messer cuchillo
Meter metro
Metzgerei carnicería
mich me, a mí
Miesmuscheln los mejillones
Miete el alquiler
mieten alquilar

Mietwagen el coche de alquiler
Migräne jaqueca
Mikrowelle el microondas
Milch la leche
Milchgeschäft lechería
Milchkännchen jarra de leche
mild suave
Millimeter milímetro
mindestens por lo menos, al menos
Mineralwasser (el) agua mineral
Minibar el minibar
Minigolf el minigolf
Minute minuto
mir me, a mí; **mit mir** conmigo
Missverständnis el error, la equivocación
mit con
mitbringen traer
Mitbringsel recuerdo
mitnehmen *(forttragen)* llevar(se); *(mit sich nehmen)* llevar consigo
Mittag el mediodía
Mittagessen comida, almuerzo
mittags al mediodía
Mitte medio, centro
Mitteilung la comunicación
Mittel medio; *(Heil~)* remedio
Mittelalter la Edad Media
Mittelmeer Mediterráneo
Mittelohrentzündung la otitis media
Mittwoch el miércoles
Möbel el mueble
Mobiltelefon teléfono inalámbrico
Mode moda
Modell modelo
modern moderno
Modeschmuck bisutería
mögen *(gern haben)* gustar *(+ dat)*; *(wünschen)* querer, desear
möglich posible
Mole el muelle
Monat el mes
monatlich *adj* mensual; *adv* al mes, mensualmente
Mond luna
Montag el lunes
Morgen mañana
morgens por la mañana
Mosaik mosaico
Motel el motel
Motor el motor

Motorboot (lancha) motora
Motorhaube capó, capota
Mountainbike la bici(cleta) de montaña, la mountain bike
Möwe gaviota
Mücke mosquito
müde cansado
Müll basura
Mullbinde gasa
Mülltonne cubo de la basura
Mumps las paperas
Mund boca
Mündung desembocadura
Münze moneda
Muschel concha; *(Miesmuschel)* el mejillón
Museum museo
Musical comedia musical, el musical
Musik música
Musik hören escuchar música
Musikgeschäft tienda de música
musizieren tocar un instrumento
Muskatnuss la nuez moscada
Muskel músculo
Müsli los cereales
Mutter la madre
Mütze gorra

N

nach *(räumlich)* hacia, a; *(zeitlich)* después de
Nachbar/in vecino/-a
Nachmittag la tarde
nachmittags por la tarde
Nachricht noticia, aviso
Nachsaison temporada baja
nachsenden reexpedir, enviar
nächste(r, -s) próximo/-a
nächstes Jahr el año que viene
Nacht la noche
Nachtisch el postre
Nachtklub el club nocturno
nachts por la noche
Nachttisch mesita de noche
Nachttischlampe lámpara de mesita de noche
nackt desnudo
Nadel aguja
Nagellack laca de uñas
Nagellackentferner el quitaesmaltes
Nagelschere las tijeras de uñas
nah cerca
nahe cercano; **nahe bei** cerca de
nähen coser, hacer costura

Nahverkehrszug el tren de cercanías
Name el nombre
Narbe la cicatriz
Narkose anestesia
Nase la nariz
Nasenbluten hemorragia nasal
nass mojado
Nationalitätskennzeichen placa de nacionalidad
Nationalpark el parque nacional
Natur naturaleza
natürlich *adj* natural; *adv* naturalmente, ¡cómo no!
Naturschutzgebiet reserva natural/ecológica
Nebel niebla
neben junto a, al lado de
Nebenkosten los gastos adicionales
Nebenstraße la carretera secundaria
negativ negativo
nehmen tomar
Nelken clavo
Neoprenanzug el traje isotérmico, el traje de neopreno
Nerv nervio
nervös nervioso
nett *(freundlich)* amable
Netz la red
neu nuevo
neugierig curioso
Neujahr Año Nuevo
nicht no
Nichtraucher/in no fumador/-a
Nichtraucherabteil departamento (*Am* compartimiento) de no fumadores
nichts nada
nie nunca
nieder, niedrig bajo
niemand nadie
Niere el riñón
Nierenentzündung la nefritis
Nierengurt riñonera
Nierenstein cálculo renal
niesen estornudar
nirgends en ninguna parte
noch todavía, aún
Norden el norte
nördlich von al norte de
normal normal
normalerweise normalmente

Notausgang salida de emergencia
Notbremse freno de emergencia
Notebook el ordenador portátil (*Am* computadora portátil)
Notfall emergencia
Notrufsäule el poste de socorro
notwendig necesario
November (el) noviembre
nüchtern en ayunas
Nudeln pasta
Nummer número
Nummernschild (placa de) matrícula
nur solo, solamente
Nüsse los frutos secos

O

ob si
oben arriba
Ober camarero
Objektiv objetivo
Obst fruta
Obst- und Gemüsehändler frutería y verdulería
obwohl aunque
oder o, u
offen abierto
öffentlich público
offiziell oficial
öffnen abrir
Öffnungszeiten los horarios de apertura
oft frecuentemente, a menudo
ohne sin
Ohnmacht desmayo
Ohr oreja
Ohrentropfen las gotas para los oídos
Ohrringe los pendientes (*Am* los aretes)
Oktober (el) octubre
Öl el aceite
Oliven las aceitunas
Olivenöl el aceite de oliva
Ölmalerei pintura al óleo
Ölwechsel cambio de aceite
Oper ópera
Operation la operación
Operette opereta
Optiker óptica
orange naranja
Orangensaft zumo de naranja
Orchester orquesta
Orden *(rel)* la orden

Original el original
Originalfassung la versión original
Ort el lugar
Ortschaft la población, pueblo
Ortsgespräch llamada urbana
Osten el este
Ostermontag el Lunes de Pascua
Ostern Pascua (de Resurrección)
Österreich Austria
Österreicher/in austríaco/-a
östlich von al este de

P

Paar (un) par
paar, ein ~ unos, algunos, un par
Päckchen el paquete pequeño
Paddelboot piragua
paddeln ir en piragua/canoa
Paket el paquete
Palast palacio
Panne avería
Pannendienst asistencia técnica en carretera
Pannenhilfe ayuda en carretera
Papier el papel
Papiere los documentos, los papeles
Papierservietten las servilletas de papel
Papiertaschentücher los pañuelos de papel
Paprika pimiento
Paprikaschote guindilla (*Am* chile)
Parfüm el perfume
Parfümerie perfumería
Park el parque
parken aparcar
parken; ~ verboten prohibido estacionar/aparcar
Parkett platea
Parkplatz el parking, aparcamiento
Party fiesta
Partyservice servicio de fiesta
Pass (*Ausweis*) el pasaporte; (*Gebirgspass*) puerto (de montaña); (*Sport*) el pase
Passagier/in pasajero/-a
passen sentar bien; (*recht sein*) venir/ir bien
Passkontrolle el control de pasaportes

Pauschalpreis precio global/ total
Pause entreacto, descanso
Pension la pensión
Perle perla
Person persona
Personalausweis el carnet/ documento de identidad (*Am* cédula personal)
Personalien los datos personales
persönlich personal
Perücke peluca
Petersilie el perejil
Petroleum petróleo
Pfand prenda; *(Flaschen~)* dinero del envase (retornable)
Pfannengericht comida a la sartén
Pfeffer pimienta
Pfeffermühle molinillo de pimienta
Pferd caballo
Pfingsten (el) Pentecostés
Pfirsiche los melocotones
Pflanze planta
Pflaster apósito
Pflaumen las ciruelas
pflegebedürftig necesitado de cuidados sanitarios
Pfund libra
Pilot/in el/la piloto
Pilz los hongos
Pinzette las pinzas
Plakat el cartel (*Am* el afiche)
Planschbecken piscina pequeña
Plastik escultura, las artes plásticas
Plastikbeutel bolsa de plástico
Platten rueda pinchada
Platz plaza, sitio; *(Sitz~)* asiento
Platzkarte reserva de asiento
Plombe el empaste (*Am* tapadura)
plötzlich de repente
Polizei policía
Polizeiwagen el coche de policía
Polizist/in el/la (agente de) policía
Pony flequillo
Portal el portal
Portier/in portero/-a
Portion la ración
Porto franqueo
Porträt retrato

Porzellan porcelana
Post(amt) (oficina de) correos
Postkarte la postal
postlagernd lista de correos (*Am* las cartas detenidas)
Postleitzahl código postal
praktisch práctico
Präservativ preservativo
Preis *(Geld)* precio; *(Belohnung)* premio
Prellung la contusión
Premiere estreno
Priester/in el sacerdote/la sacerdotisa
privat privado
Probe prueba
Problem el problema
Produkt producto
Programm el programa
Programmheft el programa
Promillegrenze el límite de alcoholemia
Prospekt prospecto, folleto
Prothese la prótesis
provisorisch provisional
Prozent por ciento
Prozession *(Karwoche)* la procesión (de Semana Santa)
Puder los polvos
Puertoricaner/in puertorriqueño/-a
puertoricanisch puertorriqueño
Pullover el jersey (*Am* el pulóver)
Puls pulso
Pulverschnee la nieve polvo
pünktlich *adj* puntual; *adv* puntualmente
putzen limpiar
Pyrenäen los Pirineos

Q

Quadratmeter metro cuadrado
Qualität la calidad
Quark el requesón
Quelle la fuente
quer durch a través de
Querformat formato apaisado
querschnittsgelähmt parapléjico
Quittung recibo

R

Rabatt rebaja, descuento
Rad rueda
Rad fahren montar (*Am* andar) en bici(cleta)
Radarkontrolle el control de radar
Radierung el aguafuerte
Radio la radio
Radsport ciclismo
Radtour la excursión en bici(cleta)
Rampe rampa
Rasen el césped, *(Arg)* pasto
Rasierapparat *(mechanischer)* maquinilla de afeitar
Rasierklinge cuchilla de afeitar
Rasierpinsel brocha de afeitar
Rasierschaum espuma de afeitar
Rasierwasser la loción
Rastplatz (el) área de reposo
Raststätte el albergue de carretera
Rathaus ayuntamiento
rauchen fumar
Raucher fumador
Raucherabteil departamento (*Am* compartimiento) de fumadores
Raum espacio; *(Räumlichkeit)* la habitación, cuarto (*Am* pieza)
Rechnung cuenta, factura
rechte(r, -s) derecho/-a
rechts a la derecha
Rechtsanwalt/anwältin abogado/-a
rechtzeitig *adv* a tiempo, oportunamente
reden hablar
Reformhaus tienda de productos dietéticos
regelmäßig *adj* regular; *adv* regularmente
Regen lluvia
Regenmantel el impermeable
Regenschauer chubasco
Regie la dirección
Regierung gobierno
Region región
regnerisch lluvioso
reich rico
reif maduro
Reifen neumático, rueda
reinigen limpiar

Reinigung tintorería, limpieza en seco
Reis el arroz
Reise el viaje
Reisebüro agencia de viajes
Reiseführer *(Buch)* la guía (turística)
Reiseführer/in el/la guía (turístico/-a)
Reisegesellschaft el turoperador
reisen viajar
Reisepass el pasaporte
Reisescheck el cheque de viaje
Reisetasche bolsa de viaje
reiten montar a caballo
Reitschule escuela de equitación
reklamieren reclamar
Religion la religión
Renaissance renacimiento, época renacentista
rennen correr
Rennrad bicicleta de carreras
reparieren arreglar
reservieren reservar
Reservierung reserva
Rettungsboot el bote salvavidas
Rettungsring el salvavidas
Rezept receta
Rezeption la recepción
R-Gespräch llamada a cobro revertido
Rheuma el reúma
Richter/in el juez/la jueza
richtig exacto, preciso; *(geeignet)* adecuado
Richtung la dirección
riechen oler
Rindfleisch la carne de vaca
Ring anillo
Rock falda
Rock (*Musik*) el rock
roh crudo
roher Schinken el jamón serrano/crudo
Roller el patinete
Rollschuhe los patines de ruedas
Rollsplitt gravilla
Rollstuhl silla de ruedas
Rollstuhlfahrer/in persona en silla de ruedas
rollstuhlgerecht las facilidades para personas en silla de ruedas

Rollstuhlkabine *(Schiff)* cabina para personas en silla de ruedas
Roman novela
röntgen hacer una radiografía
Röntgenaufnahme radiografía
rosa rosa
Rosé vino rosado
Rosmarin romero
rot rojo
Röteln rubeola
Rotwein vino tinto
Route itinerario
Rücken espalda
Rückenschmerzen los dolores de espalda
Rückfahrkarte el billete de ida y vuelta (*Am* el boleto redondo)
Rückfahrt (el viaje de) vuelta
Rückholservice servicio de recogida
Rücklicht las luces traseras
Rucksack mochila
Rückspiegel el (espejo) retrovisor
rückwärts hacia atrás
Rückwärtsgang marcha atrás
Ruderboot barca de remos
rudern remar
Ruhe descanso; *(Stille)* silencio, calma
ruhig tranquilo
Ruine ruina
rund redondo
Rundfahrt la excursión, recorrido turístico

S

Saal sala
Sache cosa
Safe caja de caudales, caja fuerte
Safran el azafrán
saftig jugoso
sagen decir
Sahne nata; **saure ~** nata agria
Saison temporada; *(Jahreszeit)* la estación
Salami el salami, el salchichón
Salat lechuga
Salatbüfett el bufé de ensaladas
Salbe pomada
Salbei salvia
Salz la sal
Salzstreuer salero
sammeln coleccionar

Samstag sábado
Sandalen las sandalias
Sandburg castillo de arena
Sandkasten el cajón de arena
Sänger/in el/la cantante
Sanitäreinrichtungen los servicios sanitarios
satt harto, satisfecho
Satz la frase
sauber limpio
sauer agrio
Sauerstoffgerät botella de oxígeno
Sauger el chupete
Saugflasche el biberón
Säugling lactante, niño de pecho
Säule columna, el pilar
Sauna sauna
saure Sahne nata agria
S-Bahn® el tren rápido suburbano
schade! lástima
Schaden daño
Schaffner/in el revisor/la revisora
Schafskäse queso de oveja
Schal el chal, pañuelo para el cuello
scharf picante
Schatten sombra
schauen mirar
Schaufenster el escaparate (*Am* vidriera)
Schauspieler/in el actor/la actriz
Scheibe *(Brot)* rebanada; *(Fleisch)* tajada; *(Wurst)* rodaja
Scheibenwischer el limpiaparabrisas
Scheinwerfer faro
Scheitel raya
schenken regalar
Schere las tijeras
schicken enviar, mandar
Schiebedach techo corredizo
Schienbein tibia, espinilla
Schiene tablilla, férula
Schild *(Hinweis~)* letrero
Schinken el jamón
Schirm el paraguas
Schlafcouch el sofá-cama
schlafen dormir
Schlaflosigkeit insomnio
Schlaftabletten los somníferos
Schlafwagen el coche-cama
Schlafzimmer dormitorio
Schlaganfall el ataque de apoplejía

Schläger raqueta
Schlagsahne nata batida/ montada
Schlange la serpiente
schlank delgado
Schlauch neumático
Schlauchboot el bote neumático
schlecht *adj* malo, *(vor dem Substantiv, m)* mal; *adv* mal
Schlepplift el remonte
Schließfach consigna automática
Schlitten trineo
Schlittschuhe los patines de hielo
Schloss palacio, castillo; *(Tür)* cerradura
Schlucht desfiladero, barranco
Schlüssel la llave
Schlüsselbein clavícula
Schlüsselübergabe entrega de las llaves
schmal estrecho
schmecken gustar; **schmecken nach** saber a
schmerzen doler
Schmerztabletten los analgésicos, los calmantes
Schmuck las joyas
Schmuggel contrabando
schmutzig sucio
Schnappschuss instantánea
schnarchen roncar
Schnee la nieve
Schneider/in el sastre/la modista
schnell *adj* rápido; *adv* rápidamente
Schnellstraße autovía
Schnittkäse queso en lonchas
Schnittwunde herida, el corte
Schnitzerei talla (en madera)
Schnorchel tubo de buceo, el esnórquel
schnorcheln nadar con tubo de buceo/con esnórquel
Schnuller el chupete
Schnupfen resfriado de nariz, la rinitis, (*Am* resfrío)
Schnurrbart el bigote
Schnürsenkel los cordones
Schokolade el chocolate
Schokoriegel barra/barrita de chocolate
schön hermoso, bello, lindo
schon ya
Schonkost dieta
Schonzeiten veda
Schrank armario

Schraube tornillo
schrecklich horrible
schreiben escribir
Schreibwaren los artículos de papelería
Schreibwarengeschäft papelería
schreien gritar
Schrift *(Hand~)* escritura
schriftlich por escrito
schüchtern tímido
Schuh zapato
Schuhbürste cepillo del calzado
Schuhcreme el betún
Schuhgeschäft zapatería
Schuhmacher/in zapatero/-a
Schuld culpa; *(Geld)* deuda
Schule escuela
Schulkinder los escolares
Schulter hombro
Schuppen caspa
Schüssel la fuente
Schüttelfrost los escalofríos
Schutzhütte refugio de montaña
schwach débil
Schwager cuñado
Schwägerin cuñada
Schwangerschaft embarazo
schwarz negro
Schwarzbrot el pan integral
Schwarzweißfilm película en blanco y negro
Schweinefleisch la carne de cerdo
Schweiz Suiza
Schweizer/in suizo/a
Schweizer Franken franco suizo
Schwellung la hinchazón
schwer pesado; *(schwierig)* difícil
Schwerbehinderte/r persona con discapacidad grave
Schwertfisch el pez espada
Schwester hermana
schwierig difícil
schwimmen nadar
Schwimmer/in el nadador/la nadadora
Schwimmflossen las aletas (de natación)
Schwimmflügel los manguitos
Schwimmkurs curso de natación
Schwimmring el flotador
Schwimmweste chaleco salvavidas
Schwindel mareo, vértigo

schwindlig mareado
schwitzen sudar
schwül bochorno
See lago; *(Meer)* el mar
Seegang el oleaje
seekrank sein estar mareado
Seezunge lenguado
Segelboot velero
Segelfliegen vuelo sin motor
segeln navegar (a vela)
Segeltörn la excursión en velero
sehbehindert; Sehbehinderte/r (el/la) invidente
sehen ver
Sehenswürdigkeiten los monumentos, las lugares de interés
sehr muy; *(beim Verb)* mucho; **zu sehr** demasiado
Seide seda
Seidenmalerei pintura sobre seda
Seife el jabón
Seil soga, cuerda
Seilbahn el funicular, teleférico
sein *(vorübergehend)* estar, *(dauernd)* ser; *(poss prn)* su
seit *(Zeitpunkt)* desde, a partir de; *(Zeitraum)* desde hace
Seite lado; *(Buch)* página
Sekunde segundo
selbst mismo
Selbstauslöser el disparador automático
Selbstbedienung autoservicio
Selfiestick palo selfie
Sellerie apio
selten *adj* raro; *adv* rara vez, raramente
Seminar seminario
Sendung *(Radio, Fernsehen)* la emisión
Senf mostaza
September (el) septiembre
servieren servir
Serviette servilleta
Sessel el sillón
Sessellift el telesilla
sexuelle Belästigung acoso sexual
Shampoo el champú
Shorts el pantalón corto
Show espectáculo
sicher *adj* seguro, cierto; *adv* ciertamente
Sicherheitsgebühr tasa de seguridad

Sicherheitsgurt el cinturón de seguridad
Sicherheitskontrolle el control de seguridad
Sicherheitsnadel el imperdible
Sicherung *(el)* el fusible
sie *(sing)* ella; *(pl)* ellos, ellas
Sie *(sing)* usted; *(pl)* ustedes
Silber plata
silberfarben plateado
Silvesterabend Nochevieja
Sinfoniekonzert concierto sinfónico
singen cantar
Sitz asiento
sitzen estar sentado
Skateboard el monopatín
Ski el esquí
Ski laufen esquiar
Skibindung la fijación (de los esquís)
Skibrille las gafas de esquí
Skihose el pantalón de esquí
Skikurs curso de esquí
Skilehrer/in el profesor/la profesora de esquí
Skistiefel las botas de esquí
Skistöcke los bastones de esquí
Skulptur escultura
Slip braga, el slip
Slipeinlagen el salva-slip
Smartphone teléfono inteligente (*Am* el celular inteligente), el smartphone
Smoothie batido espeso de frutas, el smoothie
Söckchen el calcetín de tobillo
Socken los calcetines
Sodbrennen el ardor de estómago
sofort inmediatamente
Sofortbildkamera cámara fotográfica instantánea
Sohle suela
Sohn hijo
Solarium centro de bronceado
Solist/in el/la solista
sollen deber
Sommer verano
Sondermarke sello de coleccionista
Sonne el sol
Sonnenbrand quemadura por el sol
Sonnencreme crema solar
Sonnenhut sombrero
Sonnenliege tumbona
Sonnenöl el aceite solar
Sonnenschirm sombrilla

Sonnenschutz la protección solar
Sonnenstich la insolación
sonnig soleado
Sonntag domingo
sorgen, s. – um preocuparse por
Sorte la clase
Soße salsa
Souvenirladen tienda de recuerdos
Sozialstation dispensario
Spanien España
Spanier/in el español/la española
spanisch español; *(Sprache)* español, castellano
Spargel los espárragos
Spaß *(Scherz)* broma, el chiste; *(Vergnügen)* la diversión
spät tarde
später más tarde
spazieren gehen pasear
Spaziergang paseo
Speisekarte carta (*Am* el menú)
Speiseröhre esófago
Speisesaal el comedor
Speisewagen el coche restaurante
Spezialität la especialidad
speziell especial
Spiegel espejo
Spiel juego, partido
spielen jugar
Spielkamerad/in amiguito/-a
Spielkasino casino
Spielplan el programa
Spielsachen los juguetes
Spielwarengeschäft juguetería, tienda de juguetes
Spinat las espinacas
Spirituosengeschäft licorería, tienda de vinos y licores
Sport el deporte
Sportladen tienda de artículos de deporte
Sportler/in el/la deportista
Sportplatz campo de deportes
Sprache el idioma, lengua
Sprachen lernen aprender idiomas
sprechen hablar
Sprechstunde consulta
Spritze la inyección
Spülbürste cepillo para fregar
Spülmittel el lavavajillas

Spültuch paño para fregar
Staat estado
Staatsangehörigkeit la nacionalidad
Stadion estadio
Stadt la ciudad
Stadtbus el autobús (urbano)
Stadtmauern las murallas (de la ciudad)
Stadtplan plano de la ciudad
Stadtrundfahrt visita guiada por la ciudad, recorrido turístico por la ciudad
Stadtteil barrio
Stadtzentrum centro
stammen (aus) proceder (de), venir (de)
Standlicht la luz de posición/de estacionamiento
stark fuerte
Starthilfekabel los cables de arranque
Station la estación
Stativ el trípode
stattfinden tener lugar
Statue estatua
Stau atasco, embotellamiento
Staub polvo
stechen pinchar, picar
Steckdose el enchufe, caja de enchufe
Stecker clavija de enchufe
Steg sendero
stehen estar, estar de pie; **stehen bleiben** detenerse, pararse
Stehklosett lavabo de pie
stehlen robar
Steigung subida, la pendiente
steil escarpado
Stein piedra
steinig pedregoso
Stempel sello
Stern estrella
Sternwarte observatorio astronómico
Steward/ess el/la auxiliar de vuelo; azafato/-a (*Am* aeromozo/-a)
Stickerei bordado
Stiefel las botas
Stil estilo
still quieto, tranquilo
Stillleben naturaleza muerta, el bodegón
stinken oler mal
Stirnhöhlenentzündung la sinusitis
Stock el bastón

Stockwerk piso
Stoff tela
stören molestar, estorbar
stornieren *(Zimmer)* cancelar; *(Fahr-, Flugkarten)* anular
Stoßstange el parachoques (*Am* el paragolpes)
Strafe castigo; *(Geld~)* multa
Strafraum (el) área de penalty
Strähnchen las mechas
Strand playa
Strandschuhe las playeras, las chanclas de playa
Straße la calle; *(Land~)* carretera
Straßenbahn el tranvía
Straßenkarte el mapa de carreteras
Strauß *(Blumen)* ramo
Streichholz cerilla, fósforo
Strickjacke chaqueta de punto, rebeca (*Am* saco tejido)
Strohhalm pajita
Strom *(Fluss)* río; *(el)* la corriente
Stromanschluss toma de corriente
Strompauschale tarifa global de electricidad
Stromspannung la tensión de corriente
Strümpfe las medias
Strumpfhose los leotardos; *(Damen~)* los pantys
Stück pieza, trozo
studieren estudiar
Studio estudio
Stufe peldaño
Stufenschnitt escalado
Stuhl silla
Stuhlgang la deposición
stumm mudo
Stunde hora; *(Unterrichts~)* la clase
stündlich cada hora
Sturm tormenta
stürzen *(fallen)* caer
Sturzhelm casco
suchen buscar
Sucher el visor
Süden el sur
südlich von al sur de
Summe suma
Sumpf pantano
Supermarkt supermercado
Suppe sopa
Suppenteller plato de sopa
Surfbrett plancha/tabla de surf

surfen practicar el surf
süß dulce
Süßigkeiten los dulces, las golosinas
Süßstoff sacarina
Süßwarengeschäft confitería, pastelería
Swimmingpool piscina
sympathisch simpático

T

Tabak tabaco
Tabakladen estanco (*Am* cigarrería)
Tablette pastilla, comprimido
Tachometer velocímetro
Tag el día
Tagesausflug la excursión de un día
Tagesgericht plato del día
Tageskarte abono diario, el billete (*Am* boleto) de un día
Tagespass el forfait (*Am* boleto) válido para un día
Tagestour la excursión de un día
täglich a diario, todos los días
tagsüber durante el día
Tal el valle
Talstation la estación inferior
Tampons los tampones
Tank depósito
tanken poner gasolina
tanzen bailar
Tänzer/in el bailarín/la bailarina
Tanzkapelle orquesta de baile
Tanztheater teatro bailado
Tasche bolsillo; *(Hand~)* bolso
Taschenbuch libro de bolsillo
Taschendieb/in el/la carterista
Taschenmesser navaja
Taschenrechner calculadora de bolsillo
Tasse taza
Taststock el bastón para ciegos
taub sordo
taubblind sordociego
tauchen bucear
Taucherausrüstung equipo de buceo
Taucherbrille las gafas de buceo
täuschen, s. ~ equivocarse
Taxifahrer/in el/la taxista
Taxistand parada de taxis
Tee *(schwarzer ~)* el té

Teebeutel bolsita de té
Teelöffel cucharilla
Teil la parte
Teilkasko seguro parcial
teilnehmen (an) tomar parte (en)
Telefon teléfono
Telefonbuch guía telefónica
telefonieren llamar por teléfono, telefonear
Telefonkarte tarjeta telefónica
Telefonnummer número de teléfono
Telefonzelle cabina telefónica
telegrafische Überweisung giro telegráfico
Telegramm el telegrama
Teleobjektiv teleobjetivo
Telex el télex
Teller plato
Tempel templo
Temperatur temperatura
Tennis el tenis
Tennisschläger raqueta (de tenis)
Termin fecha; *(Frist)* plazo
Terminal la terminal
Terrakotta terracota, barro cocido
Terrasse terraza
Tetanus el tétanos
teuer caro
Theater teatro
Theatergruppe grupo de teatro
Theaterstück obra de teatro
Thermosflasche® termo
Thriller película de suspense, el thriller
Thunfisch bonito, el atún
Thymian tomillo
tief profundo, hondo
Tier el animal
Tintenfisch los calamares, los chipirones, la sepia
Tipp sugerencia, pista
Tisch mesa
Tischtennis el ping-pong, el tenis de mesa
Tischtuch el mantel
Toast tostada
Toaster tostadora
Tochter hija
Toilette los servicios, baño
Toilettenpapier el papel higiénico
Tomaten los tomates
Ton sonido; *(Farbe)* tono
tönen dar reflejos
Töpferei alfarería

Töpferwaren los objetos de cerámica
Tor puerta, el portón; (*Sport*) portería
Torwart/in portero/-a
Tour la excursión
Tourist/in el/la turista
Tracht (*Volkstracht*) el traje/vestido regional
tragbarer CD-Spieler compacto portátil
tragen llevar; (*Kleidung*) llevar (puesto)
Tragflügelboot el hidroala, el hidrofoil
Tragödie tragedia
trampen hacer autostop
Transferbus el autobús/microbús del/al aeropuerto
Traubenzucker glucosa
Traum sueño
traurig triste
treffen encontrar
Trekkingrad el trekking
Treppe escalera
Tretboot el hidropedal, el patín a pedales
trinken beber
Trinkflasche el biberón
Trinkgeld propina
Trinkwasser (el) agua potable
trocken (*Wein*) seco
trockenes Haar pelo seco
trocknen secar
Trödler/-in el vendedor/la vendedora (de mercadillo)
Trommelfell tímpano
Tropfen las gotas
trotzdem sin embargo, no obstante
T-Shirt camiseta
Tuch tela; (*Kopf~*) pañuelo de cabeza
tun hacer
Tunnel el túnel
Tür puerta
Türbreite ancho de la puerta
Türcode código de puerta
türkisfarben turquesa
Turm la torre
Turnschuhe las zapatillas de deporte
Türschwelle el umbral
Tüte bolsa
Typhus el tifus
typisch (für) típico (de)

U

U-Bahn metro
Übelkeit las náuseas
üben ejercitar
über sobre
überall por/en todas partes
überbacken gratinado
Überfall la agresión; atraco (a un banco)
Übergang paso, el pasaje
überholen adelantar, pasar
Überlandbus el coche de línea, el autobús interurbano
übermorgen pasado mañana
übernachten pernoctar
Übernachtung la pernoctación
Überreste los restos, las ruinas
übersetzen traducir
Überweisung giro
üblich usual, habitual
übrig bleiben sobrar
Ufer orilla
Uhrmacher/in relojero/-a
um *(herum)* alrededor de, en torno a; *(Zeitangabe)* a; *(gegen)* hacia
um diese Zeit a esta hora
umbuchen modificar una reserva
Umgebung los alrededores
Umgehungsstraße la circunvalación
umgekehrt *adj* contrario; *adv* al revés, al contrario
Umhängetasche (bolsa en) bandolera
umkehren volver(se), dar la vuelta
Umleitung desvío
umtauschen cambiar
Umweg rodeo
Umwelt el (medio) ambiente
umziehen, s. ~ cambiarse de ropa
Umzug mudanza
unangenehm desagradable
unbedingt *adv* sin falta, absolutamente
und y, e
unentschieden empatado(s)
unerträglich insoportable, intolerable
Unfall el accidente
ungeeignet inadecuado, inepto
ungefähr *adj* aproximado; *adv* aproximadamente

ungewöhnlich poco común
unglaublich increíble
Unglück desgracia, el accidente
Universität la universidad
Unkosten los gastos
unmöglich imposible
uns nos, a nosotros
unser, e nuestro/-a
unten abajo
unter bajo, debajo de; *(zwischen)* entre
unterbrechen interrumpir
Unterführung paso subterráneo
unterhalb debajo de
unterhalten, s. – charlar
Unterhaltung *(Gespräch)* la conversación; *(Vergnügen)* la diversión
Unterhemd camiseta
Unterhose *(Damen)* las bragas; *(Herren)* los calzoncillos
Unterkunft alojamiento
Unterleib el vientre, el abdomen
unterrichten informar; *(Schule)* enseñar
unterschreiben firmar
Unterschrift firma
Untersuchung el examen
Untersuchungshaft la prisión preventiva
Untertasse plato pequeño
Untertitel subtítulo
Unterwäsche ropa interior
Unterwasserkamera cámara sumergible
unterwegs en (el) camino, en el viaje, de viaje
unverbindlich sin compromiso
unverschämt sinvergüenza, descarado
unwahrscheinlich improbable
unwichtig sin importancia, insignificante
Urin orina
Urlaub las vacaciones

V

Varietee teatro de variedades
Vase florero, el jarrón
Vater el padre
Veganer/in vegano/-a
Vegetarier/in vegetariano/-a
vegetarisch vegetariano
Ventilator el ventilador
Verabredung cita

verabschieden, s. ~ despedirse
Veranstaltung la manifestación; *(Aufführung)* espectáculo
verantwortlich responsable
Verband los vendajes
verbinden vendar
Verbindung la relación, contacto; *(tele)* la comunicación
verboten prohibido
Verbrechen el crimen
Verbrennung quemadura
Verdauung la digestión
Verdauungsstörung la indigestión
verdorben estropeado; *(faul)* podrido; *(sittlich)* corrompido
Verein la asociación, la sociedad
vereinbaren convenir, acordar
Vergangenheit pasado
vergessen olvidar
Vergewaltigung la violación
Vergiftung envenenamiento, la intoxicación
Vergnügen el placer, la diversión
Vergnügungspark el parque de atracciones
verhaften arrestar
verheiratet casado
Verhütungsmittel método anticonceptivo
verirren, s. ~ extraviarse
verkaufen vender
Verkehr tráfico
Verkehrsamt oficina de turismo
verlängern alargar; *(zeitlich)* prolongar
Verlängerungsschnur el cordón/el cable de empalme
Verlängerungswoche la ampliación de la reserva para una semana más
verlassen dejar, abandonar
verletzen herir
Verletzte, der/die ~ herido/herida
Verletzung herida
verlieren perder
Verlobte, der/die ~ prometido/prometida
vermieten alquilar
Verpackung el embalaje (*Am* el empaque)
verpassen *(Zug)* perder; *(Gelegenheit)* dejar pasar
Verpflegung comida

verrechnen, s. ~ equivocarse
verreisen hacer un viaje
verrückt loco
verschieben *(zeitlich)* retardar
verschließen cerrar con llave
verschreiben recetar, prescribir
Versicherung seguro
Verspätung retraso
verstaucht dislocado
verstehen entender
Verstopfung estreñimiento
versuchen intentar, probar; *(Speisen)* probar
Vertrag contrato
Vertrauen confianza
verunglücken sufrir un accidente
verursachen causar
Verwaltung la administración
verwandt pariente, emparentado
verwechseln confundir
verwitwet viudo
Videofilm película de vídeo
Videokamera cámara de vídeo, filmadora
viel mucho; **zu viel** demasiado
vielleicht quizá(s), tal vez
Villa la mansión con jardín, el chalet de lujo
violett violeta
Virus el virus
Visum visado (*Am* visa)
Vogel pájaro
Vogelschutzgebiet reserva ornitológica
Volk pueblo
Völkerkundemuseum museo etnológico
Volksmusik música popular
Volksstück comedia popular
voll lleno; *(~ besetzt)* completo; *(ganz)* completo, total
Volleyball el voleibol
Vollkasko seguro a todo riesgo
Vollpension la pensión completa
vom Grill a la parrilla
von de; *(Passiv)* por
von Zeit zu Zeit de vez en cuando
vor *(räumlich)* delante de; *(zeitlich)* antes de
vor zehn Minuten hace diez minutos
Voranmeldung aviso previo

Voraus, im ~ de antemano
vorbereiten preparar
Vordruck formulario, impreso
vorgestern anteayer
vorher antes
vorletzte(r, -s) penúltimo/-a
Vormittag mañana
vormittags por la mañana
vorn delante
Vorname el nombre (de pila)
vornehm distinguido
Vorort las afueras
Vorrat la provisión
Vorsaison temporada baja
Vorschlag propuesta, la proposición
Vorschrift la prescripción
Vorsicht! ¡cuidado!, ¡atención!
vorsichtig cuidadoso, prudente
Vorspeise el primer plato, los entremeses
Vorstellung la presentación; *(Theater)* la función, la representación
Vorteil ventaja
vorüber pasado
Vorverkauf venta anticipada
Vorwahlnummer prefijo
vorwärts adelante
Vulkan el volcán

W

wach despierto
Wagenheber gato
Wagennummer número del vagón
wählen escoger, elegir; *(tele)* marcar; *(Politik)* votar
wahr verdadero
während durante
wahrscheinlich probable; *adv* probablemente
Währung moneda
Wahrzeichen el emblema, símbolo
Wald el bosque
Wallfahrtsort el lugar de peregrinación
Wand la pared
Wanderkarte el mapa de senderismo
wandern hacer excursiones a pie, hacer senderismo
Wanderweg sendero (para excursiones a pie)
warm caliente; **warmes Wasser** (el) agua caliente

Warnblinkanlage el sistema de alarma intermitente
Warndreieck triángulo de emergencia
warten esperar
Wartesaal sala de espera
Wartezimmer sala de espera
was qué; **was für ein/eine ...?** ¿qué...?
Waschbecken lavabo
Wäsche *(zum Waschen)* ropa sucia
Wäscheklammern las pinzas de la ropa
Wäscheleine cuerda de la ropa
waschen lavar
Wäscherei lavandería
Wäschetrockner secadora
Waschlappen manopla de baño
Waschmaschine lavadora
Waschmittel el detergente
Waschraum los lavabos
Waschsalon lavandería
Wasser (el) agua; **warmes Wasser** (el) agua caliente
Wasserfall cascada; *(größer)* catarata
Wasserglas vaso para agua
Wasserhahn grifo (*Am* canilla)
Wasserkanister el bidón (*Am* el tanque)
Wasserski el esquí acuático
Wasserspülung cisterna
Wasserverbrauch consumo de agua
Watte el algodón
Wattestäbchen bastoncillo de algodón
Wechsel cambio
Wechselgeld vuelta, cambio (*Am* vuelto)
wechselhaft inestable
Wechselkurs tipo de cambio
Wechselstube oficina de cambio
wecken despertar
Wecker el despertador
Weg camino
weg fuera, ausente
wegen por, a causa de
weggehen irse, marcharse
Wegweiser el indicador de camino
wehtun doler
weich blando
Weichkäse queso blando
Weihnachten la Navidad
weil porque
Wein vino

Weinberg viña, viñedo
weinen llorar
Weinglas copa
Weinhandlung (el almacén de) vinos, bodega
Weintrauben las uvas
Weisheitszahn muela del juicio
weiß blanco
Weißbrot el pan blanco
Weißwein vino blanco
weit *(nicht eng)* ancho; *(Weg)* largo; *(entfernt)* lejano
Welt mundo
wenig poco
wenigstens por lo menos
wenn *(Bedingung)* si; *(zeitlich)* cuando
werden *(Passiv)* ser
Werkstatt el taller
Werktag el día laborable
Werkzeug las herramientas
Wertangabe la declaración de valor
wertlos sin valor, sin importancia
Wertsachen los objetos de valor
Wespe avispa
Weste chaleco
Western el western
westlich von al oeste de
Wetterbericht el boletín meteorológico
Wettervorhersage la predicción del tiempo
Wettkampf la competición
wichtig importante
Wickeltisch el cambiador, mesa para cambiar los pañales
wie *(Frage)* cómo; *(Vergleich)* como, igual que
wieder otra vez, de nuevo
wiederholen repetir
wiederkommen volver
Wiese prado, pradera
wild salvaje
Wildpark reserva de animales
willkommen! ¡bienvenido!
Wimperntusche el rímel
Wind viento
Windeln los pañales
Windpocken varicela
Windrichtung la dirección del viento
Windschutzscheibe el parabrisas
Windstärke fuerza del viento

Windsurfen practicar el windsurf
Winter invierno
Winterreifen los neumáticos de invierno
wir nosotros/nosotras
Wirbelsäule columna vertebral
wirklich verdadero, real; *(echt)* auténtico; *adv* de verdad, de veras
wissen saber
Witz el chiste, broma
WLAN el wifi
Woche semana; **in einer Woche** dentro de una semana
Wochenendpauschale tarifa de fin de semana
Wochenkarte el billete (*Am* boleto)/abono semanal
Wochenpass abono semanal
wochentags los días laborables
wöchentlich semanal; *adv* semanalmente, cada semana
wohnen vivir, habitar
Wohnmobil autocaravana
Wohnort domicilio
Wohnung vivienda, piso (*Am* departamento)
Wohnwagen caravana (*Am* casa rodante)
Wohnzimmer salón, cuarto de estar
Wolke la nube
Wolldecke manta de lana
Wolle lana
Wort palabra
Wunde herida
wunderbar maravilloso
wundern, s. ~ (über) asombrarse (de), extrañarse (de)
wünschen desear
Wurm gusano
Wurst embutido
Würstchen salchicha
würzen sazonar
wütend rabioso, furioso

Y

Yoga el yoga

Z

zäh duro
Zahl número
zählen contar
zahlen pagar
Zahlung pago
Zahn el diente, muela
Zahnbürste cepillo de dientes
Zahnfleisch encía
Zahnpasta pasta de dientes
Zahnradbahn el ferrocarril de cremallera
Zahnschmerzen el dolor de muelas
Zahnstocher el mondadientes, palillo (de dientes)
Zäpfchen los supositorios
zart tierno
zärtlich cariñoso
Zehe dedo del pie
Zeichen la señal, signo; *(Beweis)* prueba
Zeichensprache lengua de signos
Zeichentrickfilm película de dibujos animados
zeichnen dibujar
Zeichnung dibujo
zeigen enseñar, mostrar
Zeit tiempo
Zeitschrift revista
Zeitung periódico
Zeitungshändler kiosco de prensa
Zelt tienda de campaña (*Am* carpa)
zelten acampar, hacer camping
Zeltschnur cuerda de tienda de campaña
Zeltstange palo de tienda de campaña
Zentimeter centímetro
zentral central
Zentralheizung la calefacción central
Zentrum centro
Zerrung la distensión
Zeuge/Zeugin el/la testigo
ziehen tirar
Ziel meta; *(Reise~)* meta de(l) viaje
ziemlich bastante
Zigarette cigarrillo
Zigarillo purito
Zigarre cigarro, puro
Zimmer la habitación *(Am* pieza)

Zimmerkellner(in) camarero/-a de habitación
Zimmertelefon teléfono de la habitación
Zirkus circo
Zitronen los limones
Zoll aduana
Zollerklärung la declaración de aduana
zollfrei exento de derechos de aduana
zollfreier Laden tienda libre de impuestos/el duty free
Zollgebühren los derechos de aduana
zollpflichtig sujeto a derechos de aduana
Zoo zoo, el parque zoológico
zu *(Richtung)* a; *(geschlossen)* cerrado; **zu sehr, zu viel** demasiado
zubereiten preparar
Zucker el azúcar
zuerst primero, en primer lugar
zufällig casual
zufrieden satisfecho, contento
Zug el tren
Zugänglichkeit la accesibilidad
zuhören, jdm ~ escuchar a alguien
Zukunft futuro, el porvenir
zukünftig futuro
zulässig lícito, permitido
zuletzt en último lugar, finalmente
Zündkerze bujía
Zündschlüssel la llave de encendido
Zündung encendido (*Am* la ignición)
Zunge lengua
zurück (hacia) atrás
zurückbringen devolver
zurückfahren regresar, volver
zurückgeben devolver
zurückkehren volver, regresar
zusagen *(Einladung)* aceptar
zusammen juntos
zusammenschlagen dar una paliza
Zusammenstoß el choque
zusätzlich suplementario, adicional
zuschauen estar mirando
Zuschauer/in el espectador/la espectadora
Zuschlag suplemento

zuständig responsable, competente
zweite(r, -s) segundo/-a
zweitens segundo, en segundo lugar
Zwiebeln las cebollas
zwischen entre
Zwischenfall el incidente
Zwischenlandung escala, transbordo
Zwischenstecker adaptador (de enchufe)